Max Weber

Die protestantische Ethik

und der »Geist« des Kapitalismus

マックス・ヴェーバー
「倫理」論文を読み解く

キリスト教史学会［編］

教文館

目　次

装丁　桂川潤

凡例

一　本書は、二〇一七年九月一五日に聖心女子大学ブリットホールにおいて開催された第六八回キリスト教史学会大会シンポジウム「ヴェーバー「倫理」論文とキリスト教史学」を学術書として出版するために、表題を変更し、内容を補い、注記を施したものである。

二　当日の発表は、ルター、ピューリタニズム、洗礼派・バプテスト派、ドイツ敬虔派、メソジストの順であったが、ヴェーバー「倫理」論文に沿って、ルター、ピューリタニズム、ドイツ敬虔派、メソジスト、洗礼派・バプテスト派の掲載順とする。

三　マックス・ヴェーバーの「倫理」論文、Max Weber, Die protestantishe Ethik und der »Geist« des Kaptalismus「プロテスタンティズムの倫理と資本主義の精神」の底本は、以下断りのない限り、一九二〇年に『宗教社会学論集』*Gesammelte Aufsäize zur Religionssoziologie*, Bd. I, Tübingen, 1920 に収録された論文を用いる。また翻訳本は、大塚久雄訳『プロテステスタンティズムの倫理と資本主義の精神』岩波文庫、一九八九年を使用し、以下、この論文を「倫理」論文、あるいは「倫理」と略記し、翻訳からの引用は「倫理」〇〇頁とする。

四　訳語は、上記の大塚訳に準拠するが、現在一般的に使われている用語と異なる場合には、以下のように変更した。例えば、信団↓ゼクテ、カルヴィニズム↓カルヴァン主義、ピュウリタニズム↓ピューリタニズム、「見ゆべき教会」↓「見える教会」、バプティスト↓バプテストなど。

五　巻末に付録として「正誤表」を添付した。これは、「倫理」論文の当該頁に掲載されたヴェーバーの「事実誤認」を指摘したものである。ヴェーバーの「事実誤認」に関しては、ヴェーバーの立論に関わる大きな問題から、注記における引用文献の頁数の誤りまで、大小あるが、「論理」論文出版後一〇〇年近く経過して、研究の進展により「事実誤認」であると判明した事項も含まれる。

序章　キリスト教史学会はなぜヴェーバー「倫理」論文を取り上げるか

大西晴樹

はじめに

冒頭から私事で恐縮ですが、マックス・ヴェーバーの「プロテスタンティズムの倫理と資本主義の精神」（以下、「倫理」論文と略記）を読んだのは、大学一年生の秋です。懐かしい岩波文庫の上・下巻のものです。というよりも先輩たちに読まされたといったほうが正確かも知れません。社会科学の読書サークルで輪読しました。夏合宿にカール・マルクスの「ドイツ・イデオロギー」を輪読したので、マルクスとヴェーバーという、重なりながらも相異なる社会科学方法論を比較するために読んだのだと思います。もちろん、西洋の難解な、しかも、キリスト教史に関わる書物でもありますので、当時はほとんど理解できていなかったと思います。あれから、半世紀近くが経過しました。承知の通り、その間、社会主義陣営の崩壊によって、マルクスの学問的権威は薄れてまいりましたが、「資本主義の精神」の起源を説いたヴェーバーの論文の方は、その後も論争が継続し、出版が絶えないので「ヴェーバー産業の興隆」と皮肉られるぐらい、いまなお歴史学、社会学、経済学、政治学、法学そして、キリスト教史学の学徒の関心を惹いています。

この論文の魅力はなんでしょうか。それは、私自身とってまことに新鮮であったのですが、人間の抱く「理念」（idee）が、歴史転換期の「転轍手」（turning point）の役割を果たすということを、文化史的な観点、すなわち、キリスト教史の資料を豊富に用いて説明した点にあります。この論文の核心には、「ヴェーバー・テーゼ」、あるいは「プロテスタントの倫理テーゼ」と呼ばれる命題があります。近代西洋資本主義の発達における「禁欲的プロテスタンティズム」と「資本主義の精神」の適合的関連、すなわち、合法的職業労働によって最大利潤獲得を目的とすることは各人の使命であり、義務でさえあると考える近代資本主義の「エートス」(精神的雰囲気)は、カルヴァン主義を中心とする禁欲的プロテスタンティズムに淵源するという命題です。ありていに言えば、カトリックの修道院生活が信仰の理想とされた宗教改革以前の時代にあっては、人間の営利活動は、キリスト教の教義に照らして、どこか後ろめたいものがあったのですが、宗教改革後にはプロテスタントの説く、勤勉、節約、自発心、慎重、信用などの禁欲的な徳目によって、現世における貨幣稼得などの営利活動は、後ろめたいどころか、むしろ当時興隆しつつある近代資本主義の経済活動の主要な担い手である「市民」の義務やエートスとなったというのです。

しかしなぜ、敬虔なキリスト者でもなく、当時資本主義の後進国であったドイツ人のヴェーバーがこのようなテーゼを論じたのでしょうか。今日お集まりのキリスト教史学の専門家たちを前にして、歴史社会学者ヴェーバーの問題関心を多少なりとも説明しておきたいと思います。最近「倫理」論文の編纂過程を詳細に跡づけたP・ゴッシュは、以下のような興味深い三点を指摘しています。第一は、ヴェーバーの歴史認識です。ヴェーバーは、ピューリタン革命がそうですが、一七世紀の重商主義に対する自由貿易への政治闘争によって「生まれたばかりの資本主義」(nascent capitalism)は、国家との親密な関係から解き離れ、宗教上の領域の中で併存していた時期があり、資本家の倫理的「転換」(switch)によって、禁欲的プロテスタンティズムの中にあるその起源から離れて、その「宗教的根拠」を欠いた一八世紀の世俗的で自律的な功利主義へと向かった、と考えていました。第二は、これはもう皆さんご存知のヴェーバー方法論の特徴ですが、彼の学問的な関心は、禁欲的プロテスタントの「教義」(dogma)よりも、それが生みだした信徒への「心理的強制力」(psychological compulsion)にありました。

ヴェーバーは、近代資本主義を確立するために必要とされるものは、高利禁止法や通貨の供給量ではなく、革新を伴う心理的資源であって、大量現象としての「資本主義の精神」というエートスだと考えたわけです。第三は、「非人格性」（impersonality）という「資本主義の精神」と「禁欲的プロテスタンティズム」の類似性です。ヴェーバーは、人間関係という純粋な人格的概念に過度な信頼を置くドイツのカトリック教会やルター派教会の権威が資本の支配によって揺らいでいく過程を理解する鍵は、資本がもつ特質、すなわち、人格の「非人間性」にあると考えました。資本の所有権は、それが非人格的な諸力に変化するから継続性するという訳です。倫理的には把握することのできない、このような支配関係の非人格性は、非歴史的な概念ではなく、人間関係の内部で内面化される質的現象なのであり、その歴史的起源と類似性を、純粋に感情に基づく人間同士の人格的関係を被造物である人間の偶像化の疑いのもとに拒否した禁欲的プロテスタンティズムの倫理に求めることができると考えたのです。[1] なにやら、倫理「論文」の本文に既に踏み込んだようなことを話してしまいましたが、「ヴェーバー・テーゼ」を理解するために予め押さえていただきたい諸点でもあります。

一　改訂問題（底本の確認）とその原因

さて、「倫理」論文の研究史の紹介に入る前に、この論文の改訂問題と関連する二つの命題について述べておきたいと思います。スコットランドおけるヴェーバー・テーゼの可否を論証したG・マルシャルは、「プロテスタンティズムの倫理と資本主義の精神」という論文の命題が刊行直後の論争に捲き込まれることによって、一九二〇年に『宗教社会学論集』に組み込まれるさいに改訂されて、補足的でありながらも別個の二つの命題を含む

（1） P. Ghosh, *Max Weber and The Protestant Ethic: Twin Historie*, Oxford UP., 2014, p. 20, pp. 22-23, 26-27.

ようになったことを指摘しました。すなわち、ヴェーバーは、「プロテスタンティズムの倫理と資本主義の精神」という論文を一九〇四年と一九〇五年に『社会科学・社会政策誌』という雑誌に掲載していたのです。そのときの、ヴェーバーの問題関心は、西洋近代の「資本主義の精神」(der kapitalistisch Geist)の独自な起源が、プロテスタントの禁欲倫理にあることを世界観のレヴェルにおいて指摘したのです。この思想的起源の指摘が「第一命題」です。ところが、一九二〇年にこの論文を『宗教社会学論集』に収録する際に、雑誌掲載直後に巻き込まれた論争によって、ヴェーバーは、禁欲的プロテスタンティズムの倫理を「経済体制としての資本主義」(Kapitalismus als Wirtschaftssystem)の複数起源の重要な一因を構成するものとみなし、独自な起源ではなく、因果関連(第二命題)の角度から説明するために改訂を余儀なくされたのです。[2] 本シンポジウムでは、精確を期するために、一九〇四年と一九〇五年に雑誌に掲載された論文を「原論文」と呼び、[3] 改訂を経て一九二〇年に『宗教社会学論集』に収録された論文を「倫理」論文と呼ぶことにします。[4] そして、本シンポジウムにおいて、「倫理」論文の当該箇所を指摘する場合、底本の翻訳本として一九八九年に出版された大塚久雄訳の岩波文庫本を使用することを予めお断りしておきます。[5]

では、このような改訂の原因はどこにあったのでしょうか。改訂は、当時の思想状況を反映したものでした。「原論文」に反論する目的で、ヴェーバーの主要な論敵であるF・ラッハファールとH・K・フィッシャーは、ヴェーバーがマルクスの史的唯物論に対抗しようとして、プロテスタンティズムの倫理が近代資本主義の発達を促したという歴史解釈を提起したと非難しました。そのため、ヴェーバーは、「資本主義の精神」の特別な性格、なかんずくその起源を確証するという第一命題から、近代資本主義の発達過程において「資本主義の精神」は、どれだけ強い影響力を及ぼしたかという第二命題を強調せざるを得なくなったのです。[6] 第二次世界大戦後もしばらくの間、ヴェーバー・テーゼは、プロテスタント研究というよりも資本主義論の脈絡で捉えられていました。もともとヴェーバー・テーゼ自体、E・フィショーフによれば、論争の参加者が資本主義に賛成であれば、自分の信奉する宗教が資本主義を育んだとみなして、ヴェーバー・テーゼに賛同し、資本主義の反対者ならば、その関連を認めないという点にその論争の特色がありました。(7) たとえば、イタリアのカトリック・ファシストA・ファンファーニの以下のような発言はその典型例を示しています。すなわち、「近代資本主義はプロテスタンティズムの産物なので、近代資本主義のあらゆる悪弊はプロテスタンティズムのせいであり、したがってわれわれの経済生活がもつ病理に対する唯一の処方箋はカトリシズムに見出されるのだ」(8)。また、第二次世界大戦後においても、「倫理」論文の英訳者であり、価値体系の社会的機能を強調するT・パーソンズの影響を受けた北米の社会学者、開発社会学者たちは、米ソ冷戦対立のもと、カルヴァン主義を、生産手段の私有化、市場の自由、合理的技術、合理的法律と行政、労働力の自由化、有価証券による経済の商業化とならぶ近代資本主義成立の複数条件のひとつとして、さらには教義ではなく開発のイデオロギーとしての「動機諸力」(motivational forces)とみな

---

(2) G. Marshall, *Presbyeries and Profits: Calvinism and the Development of Capitalism in Scotland, 1560-1707*, Oxford, 1980. pp. 20-21. 大西晴樹訳『プロテスタンティズムの倫理と資本主義の精神――スコットランドにおけるウェーバー・テーゼの検証』すぐ書房、一九九六年、三七―三八頁。安藤英治は早くからこの改訂の意味について探究していました。安藤英治「ウェーバー歴史社会学の基礎視角――問題提起　宗教社会学改訂の意味」同『ウェーバー歴史社会学の出立』未来社、一九九二年、所収。

(3) M. Weber, 'Die protestantische Ethik und der »Geist« des Kapitalismus', in *Archiv für Sozialwissenschaft und Sozialpolitik*, Bd., 21, 1905. この「原論文」の翻訳は、梶山力訳・安藤英治編『プロテスタンティズムの倫理と資本主義の《精神》』未来社、一九九四年。

(4) M. Weber, 'Die protestantische Ethik und der »Geist« des Kapitalismus', in *Gesammelte Aufsätze zur Religionssoziologie*, Bd. I, Tübingen, 1920.

(5) 大塚久雄訳『プロテスタンティズムの倫理と資本主義の精神』岩波文庫、一九八九年。

(6) Marshall, *op. cit.*, p. 20. 前掲邦訳書、三六―三七頁。

(7) E. Fishoff, 'The Protestant Ethic and The Spirit of Capitalism: The History of a Controversy', *Social Research*, 1944, vol. XII. in P. Hamilton (ed.)*Max Weber (I) Critical Assesment I*, vol. II, London, 1991, p. 62.

(8) *Ibid.*, p. 73.

すようになりました。[9] その結果、キリスト教世界と異なった文化的脈絡においても、カルヴァン主義に代替する観念上の「機能的等価物」(functional equivalents) がみいだされれば、R・ベラーの「日本教」のように、西洋社会の外部においても近代資本主義の発達は十分可能なのだということになります。[10] しかし、カルヴァン主義という教義がなくとも近代資本主義が発達するという近代化論では、「禁欲的プロテスタンティズム」と「資本主義の精神」の間に独自の関連があることを主張したヴェーバー・テーゼとの乖離はますます拡大するばかりです。西洋資本主義が弱体化を迎えた一九七〇年代以降、ヴェーバー・テーゼをめぐる論争は、テーゼそのものの再検討を含みながら、カルヴァン主義の性格をめぐる議論を中心に争われることになりました。

二　予定説解釈と「ケンドール・ショック」

いうまでもなく、ヴェーバーのいう禁欲的プロテスタンティズムの倫理の核心にはカルヴァン主義の二重予定説があります。ヴェーバーは、予定説に伴う人間の「選び」か「滅び」かの決定、すなわち、「恐るべき(神)の決断」(decretum horribile) が信徒の内面的孤立化を引き起こし、その「意図せざる結果」として、禁欲的職業労働が「心理的に帰結」したと述べました。一九七七年に上梓された合衆国出身の組織神学者R・T・ケンドールの研究は、カルヴァン自身とカルヴァン主義者たちとの予定説の相違を示しました。最初に予定説を唱えたカルヴァンにとって「万人のために死んだキリスト」のみが救いの保証であったため、カルヴァン自身は、信仰と「確かさ」を区別せず、人間は自らの行為ではなく、キリストをあてにすべきであるとの受動的な信仰を説いたのです。ところ、カルヴァンの後継者T・ベザは、「選ばれた者のみのために死んだキリスト」は、その限定性ゆえにもはやあてにならず、信仰と「確かさ」を区別したのです。そのため人間は「救いの確かさ」を求め、その「確かさ」は結果から演繹されるという実践的三段論法が用いられました。ケンドールは、人間の「内省的行為」によって「救いの確かさ」を証明せんとするW・パーキンズから始まるイギリスのカルヴァン主義者たちの予定説を「実験的予定説」(experimental predestinarianism) と呼びました。「実験的予定説」では、神の予定は次第に緩和されてゆき、救いを人間の「意志」の行為と見なしたり、救われる者を「予見」できると主張するオランダのJ・アルミニウスの救済論まで含まれるようになるというのです。他方、このような「人間中心主義」の救済論に挑戦したのが聖霊主義者や反律法主義者たちであり、彼らはカルヴァン同様信仰と「確かさ」を区別せず、「霊の直接の証言」という内的啓示に信仰と「確かさ」を求めるので、その予定説を「体験的予定説」(expriential predestinarianism) であると説明しました。[11]

社会学者M・H・マッキノンはケンドールから示唆を受け、一九八九年の論文において、ウェーバーの予定説解釈を全面的に否定します。第一に、カルヴァン主義者の予定説がカルヴァン自身の予定説から相違している限り、カルヴァン自身の予定説の「恐るべき(神)の決断」は期待できないので、内面的孤立化や、「意図せざる結果」としての禁欲的職業労働というウェーバーの想定は無効だというのです。第二に、「実験的予定説」論者である契約神学者が説く「業」(work) という言葉には、ウェーバーが説くような現世内的意味合いはなく、あくまでも内面的救済にともなう宗教的行為、すなわち、現世外的救済手段の行使を指しており、この点からもカルヴァン主義が「資本主義の精神」と関連性をもっていたとは考えられないと主張します。[12] これに対して、歴史

(9) N. M. Hansen, 'The Protestant Ethic as a General Precondition for Economic Development', *Canadian Journal of Economics and Political Science*, 1963, vol. 29. in *ibid*., p. 304. D. P. Forcese, 'Calvinism, Capitalism and Confusion: The Weberian Thesis Revisited', *Sociological Analysis*, 1968, vol. 29. in *ibid*., pp. 320-322.

(10) R. N. Bellah, *Tokugawa Religion: The Values of Pre-Industrial Japan*, Glencoe, 1957. 池田昭訳『徳川時代の宗教』岩波文庫。

(11) R. T. Kendall, *Calvin and English Calvinism to 1649*, Oxford, 1979. ケンドールの予定説解釈については、大西晴樹『イギリス革命のセクト運動・増補改訂版』御茶の水書房、二〇〇〇年、第一章、参照。ケンドールに対する反論は、P. Helm, *Calvin and Calvinists*, Edinburgh, 1982. 松谷好明訳『カルヴァンとアルヴァン主義者たち』聖学院大学出版会、二〇〇三年。

学者D・ザレットは一九九三年に合衆国ドイツ史研究所が刊行した論文集において、マッキノンを批判しました。第一点は、マッキノンが関連する文献の大半を無視し、文書の全体でなく、引用者にとって都合のいい一部だけをもってして、尤もらしい論理を構築している点にありました。マッキノンは「状況（contexts）から切り離された文書の断片を引用し、……明らかに対照的な教義のあいだに境界線を引いた」のです。ザレットは、マッキノンの「釈義的選択性」（exegetical selectivity）という方法に対して、「状況論的選択性」（contextual selectivity）という方法を対置しました。「これは、思想家の本文を直裁に解釈するのではなく、その主張の前後関係から判断して本文を解釈する方法である。……なぜなら重要な思想家の権威に対する挑戦は、本質的に挿話的で局地的であり、本文を超越する時間的、空間的、社会的諸要因によって性格が定められているからである」というのです。[13] ケンドールがカルヴァン主義の予定説を、正統派の「実験的予定説」と異端派の「体験的予定説」という概念で説明したように、両者は、キリスト教史のうえでは、対抗関係という状況のなかで論じられるべき性格のものでした。ザレットは、歴史資料をピューリタンが置かれた状況から切り離して救済論を再構築することの意味を問うたのです。

三　日本における受容と反発

日本における「倫理」論文についての研究史ですが、最初の受容の担い手はキリスト者たちでした。翻訳者である梶山力、大塚久雄はもちろん、のちに再洗礼派研究に着手する榊原巌、のちにヘボン研究に転じた高谷道男も一九三〇年代前半にヴェーバー・テーゼを肯定的に受け容れました。ただ戦争中中国熱河伝道で落命した沢崎堅造だけは、一九三七年にヴェーバーの天職論とルターの著作を照合し、ヴェーバーの「ベルーフ」解釈に対しては慎重でした。[14] 戦中から戦後にかけては、無教会派の内村鑑三の晩年の弟子である大塚久雄が、西洋経済史研

究にヴェーバー・テーゼを架橋し、学界をリードしました。(15)

大塚に対する批判は、方法論は異なれ、ヴェーバーと同様に宗教と経済の関係をテーマに叙述したR・H・トーニーの著作の翻訳者である越智武臣によって着手されました。越智は、ヴェーバー・テーゼは歴史的実証に堪えうるのかという問題を提起しました。「最後の段階において、次のことだけは残るであろう。すなわち一応彼［ヴェーバー］の方法的前提に立つとしても、史実認識が果たして彼と一致するかどうかは依然として別問題だということである。トーニー自身の言葉を借りていえば、「要は事実がどうであるかということだ」」。この点を強調すべく、越智は、本シンポジウムでも言及されますが、ウェズリー研究者岸田紀の論文を引用し、ヴェーバーによる資料の引用の仕方を槍玉にあげたことは、ヴェーバーのプロテスタント理解を金科玉条のごとく受け容れてきたわが国の研究者にとって大きな衝撃でした。(16) 岸田の書物が刊行された(17)一九七七年に、西洋経済史研究の

(12) M. H. Mackinnon, 'Part I: Calvinism and the infallible assurance of grace: the Weber thesis reconsidered', 'Part II: Weber's exploration of Calvinism: the undiscovered rrovenance of capitalism', *The British Journal of Sociology*, vol., XXXIX, 1989.

(13) D. Zaret, 'The Use and Abuse of Textual Data' in H. Lehmann & G. Roth (eds.), *Weber's Protestant Ethic: Origins, Evidence, Contexts*, Cambridge, 1993, pp. 257-258.

(14) 榊原巌『基督教社会倫理』基督教思想叢書刊行会、一九三二年。高谷道男『基督教経済文化史』三省堂、一九三四年。沢崎堅造「ルーテルの『職業』について」『経済論叢』第四五巻五号、一九三七年、同『キリスト教経済思想史研究』未来社、一九六五年、所収。

(15) 大塚久雄『近代資本主義の系譜』学生書房、一九四七年。同『近代化の歴史的起点』学生書房、一九四八年。同『宗教改革と近代社会』みすず書房、一九四八年、等。

(16) 越智武臣「清教主義の一姿態——リチャード・バクスターの場合」『西洋史学』第九号、一九五一年。同論文は修正を経て、同『近代英国の起源』ミネルヴァ書房、一九六六年、所収。同上、三九五頁、四二二頁。

(17) 岸田紀「ジョン・ウェズリにおける職業倫理の一考察」『名大論集』第一七号、一九五七年。同『ジョン・ウェズリ研究』ミネルヴァ書房、一九七七年、所収。

鈴木良隆やヴェーバー研究者の安藤英治がコメントを寄せていますが、いずれもプロテスタント研究というよりも、ヴェーバーの資本主義論や理念型という方法論の擁護の観点からなされており[18]、キリスト教史の資料の読解と理念型構築との間の溝は埋められずじまいでした。

さて、高度経済成長により日本の資本主義が発展を遂げ、反面、自然環境破壊や孤独死など経済成長の弊害が露呈した一九八〇年代において、ヴェーバー・テーゼとプロテスタント研究は曲がり角を迎えていました。禁欲的プロテスタンティズムが歴史変革のエネルギーであると同時に人間的自然のありようを転倒した抑圧の体系であると主張した折原浩、心理学からヴェーバーの内面におけるオディプス・コンプレックスと作品史の関係を指摘したA・ミッツマンに触発されて、一九八二年に山之内靖は、禁欲的プロテスタンティズムの「原ロゴス」に孕まれる合理性と非合理性を問題としました。すなわち、カルヴァン主義による「魔術からの解放」の結果として生み出される「管理する僕」「営利機械」としての人間、そこには、経済的合理性や近代官僚制を生み出した価値中立的な「非人間性」(unpersönlichkeit)のみならず、隣人関係を自ら喪失し、人間性への抑圧を意味する「反人間性」(unmenschlichkeit)が刻印されてはいないだろうか、というのです[19]。これに対して柳父圀近は、西洋封建制や天皇制国家のような家産制支配がもつ「祭政一致」の世界における「魔術からの解放」の歴史的意義を繰り返し説きました。しかし、山之内は「柳父がカルヴィニズム的な「ウンペルゼンリヒカイト」が硬直すると「ウンメンシュリッヒ」になるとか、「合理化」のゆきついた先に「ウンメンシュリッヒ」なるものが現れるとして、両者を時間的前後関係に即してとらえている点は、私と見解を異にする」と述べて、「禁欲的プロテスタンティズムの倫理」と「資本主義の精神」を因果関連として捉えるヴェーバーの資本主義論を拒絶し、禁欲的プロテスタンティズムの「原ロゴス」そのものを否定しました[20]。

他方で、経済発展により研究条件が改善され、戦後第二世代の研究者はプロテスタント研究に必要な第一次資料に容易にアクセスできるようになりました。一九八〇年代末から、大塚が不問に付していたプロテスタント研究、なかんずくピューリタン研究がヴェーバー・テーゼを受容する側から相次いで発表されました。梅津順一は、パーキンズ、R・バクスターの著作を読み解くさいに、「ウェーバー・テーゼが歴史的諸事実に根拠を置いているのであり、批判者の側が既成の通俗的理論に安住している」と述べ、今関恒夫の研究も梅津同様の意図をもち、パーキンズ、バクスターを取り上げ、ピューリタン研究をイギリス地方史研究の脈絡のなかに位置づけようとする点で、より説得力をもたせようとするものでした。[21] また常行敏夫の研究は、「従来の経済史とは別個にウェーバー研究として取り扱われてきたピューリタニズムを近代イギリスの社会・経済・政治史の脈絡の中に位置づけることである。その作業の決定的な鍵を、ピューリタニズムと貧困問題とのかかわりの中に見いだそうとする」[22]と述べる点でスケールの大きな著作ですが、ピューリタニズムと民衆文化の対抗関係を指摘しながらも、ピューリタニズムとゼクテの関連は不問に付されたままでした。

禁欲的な教会訓練を最も組織的に遂行し、産業革命期に製鉄業、鉄道業、金融業の分野で活躍したクエイカー派の宗教倫理については、一九九四年に山本通の研究書が上梓されました。[23] 他にも一九九三年の第六二回社会経

(18) 鈴木良隆「ウェーバーとメソディスト派（岸田紀『ジョン・ウェズリ研究』をめぐって）」『社会科学の方法』第九八号、一九七七年。安藤英治「一つの書評岸田氏のウェズリ研究に想う」同上、第一〇一号、一九七七年。

(19) 折原浩『危機における人間と学問――マージナルマンの理論とウェーバー像の変貌』未来社、一九六九年。A. Mitzman, *The Iron Cage: An Historical Interpretation of Max Weber*, New York, 1970. 安藤英治訳『鉄の檻――マックス・ウェーバー・一つの人間劇』創文社、一九七五年。山之内靖『現在社会の歴史的位相――疎外論の再構成をめざして』日本評論社、一九八二年。

(20) 柳父圀近『ウェーバーとトレルチ――宗教と支配についての試論』みすず書房、一九八三年。山之内、前掲書、四〇頁。

(21) 梅津順一『近代経済人の宗教的根源――ヴェーバー、バクスター、スミス』みすず書房、一九八九年、五七頁。今関恒夫『ピューリタニズムと近代社会――リチャード・バクスター研究』みすず書房、一九八九年。今関恒夫『バクスターとピューリタニズム』ミネルヴァ書房、二〇〇六年、梅津順一『ヴェーバーとピューリタニズム』新教出版社、二〇一〇年。

(22) 常行敏夫『市民革命前夜のイギリス社会――ピューリタニズムの社会経済史』岩波書店、一九九〇年、三頁。

(23) 山本通『近代英国実業家たちの世界』同文舘、一九九四年。

済史学会大会シンポジウム報告をまとめた梅津順一・諸田實編の論文集には、「信仰の亡命者」(Glaubensflüchtlinge)といわれた迫害による宗教難民の「散住」(ディアスポラ)の経済的役割について、石坂昭雄が一六世紀ネーデルラントからドイツに亡命したカルヴァン派や再洗礼派を、吉田隆がロカルノからチューリッヒに亡命したユグノーを叙述しています。(24)

その後、日本においては、かのマッキノン流の「釈義論的選択性」や、「視野狭窄」ともいえる文献学の観点からヴェーバー・テーゼを批判する椎名重明と羽入辰郎の著作が一九九六年と二〇〇二年に相次いで刊行されるようになりました。イギリス農業史家の椎名は、第一に、ヴェーバー・テーゼの核心にある「救いの確証」思想は、ピューリタニズム以外にもルターにも、カルヴァンにも発見される。そのうえ、ヴェーバーが最も強調したかったカルヴァン主義の「救いの確証」思想と職業労働の関連は歴史的に検証されない。第二に、寛容論には「政教分離」以外に宗教者同士の「相互寛容」という側面もあり、後者の側面を無視したヴェーバーの寛容論は説得力をもたないと主張しました。(25)これに対して大西晴樹は書評論文において以下のように批判しました。第一に、ルターが「救いの確証」について述べたのは、ルターが消極的であれ領邦教会巡察者を承認した後期の著作においてでしかない。カルヴァンの『キリスト教綱要』の基調は圧倒的に「われわれ自身のうちには自らの選びの確かさを発見できない」というものである。それに対して、ピューリタンたちの著作には「あらゆる手段を尽くして召命と選びを確かにするように努力する」ことが繰り返されており、宗教行為である「一般的召命」(general calling)のほかに、各人の職業労働については「世俗内的禁欲」としての「特殊召命」(particular calling)として言及されている。第二に、ヴェーバーの寛容論の意図は、「良心の自由」という基本的人権の歴史的起源の究明にあり、その制度的保障として、内面的世界と権力的世界の区別、市民社会と政府の区別を歴然とさせ、結果として政治権力を宗教的に中性化する近代立憲主義国家の「ノンコンフォーミスト・インダルジェンス」の起源の探究にあり、宗教者同士の相互寛容は少なくとも「倫理」論文においては意図されていない、というものです。(26)

羽入の研究は東京大学に提出した博士論文ですが、ヴェーバーを「知の犯罪人」呼ばわりする点でセンセーショナルなものであり、いまなお版を重ねる勢いです。羽入の反発は、ヴェーバーの文献利用上の誤りの一点に尽き、それ以外の問題はどうでもよいと開き直るものでもあります。ヴェーバーの文献利用上の誤りとは、天職概念を説明する際に、ルターがコリント前書七章二〇節における世俗の職業の訳語に「召命」という意味をもつBerufをあてたことに由来するというものです。羽入は、ヴァイマール版全集にしたがう限り、したがってルターが「コリントIの七・二〇の当該箇所を"Beruf"と訳したことは一度もなかった」と断言し、「ヴェーバーもまた、上に見たようないずれかの『現代の普通の版』の〝ルター聖書〟から、彼の議論にとって決定的な意味をもつ〝ルター自身の表現〟として、"Beruf"という語を拾い上げてきたのであろう」と推測しています[27]。要するに、ヴェーバーは、ルター自身の訳ではなく、ルターの死後出版された聖書の普及版に出てくるBerufという訳語に依拠して、ルターの天職概念を構築したという主張をしているのです。果たして、ヴェーバーは、そのような学問的手法を弁えない「犯罪人」であったのでしょうか。その点は、ルターの広範な資料研究を通じてでしか解明できません。本シンポジウムは、キリスト教史学の立場からこのような羽入の主張の正当性を問うことをも

(24) 梅津順一・諸田實編著『近代西洋の宗教と経済』同文舘、一九九六年、所収。他にヴェーバー・テーゼを意識した歴史研究としては、金哲雄『ユグノー経済史研究』ミネルヴァ書房、二〇〇三年。須永隆『プロテスタント亡命難民の経済史』昭和堂、二〇一〇年がある。

(25) 椎名重明『プロテスタンティズムと資本主義――ウェーバー・テーゼの宗教史的批判』東京大学出版会、一九九六年。

(26) 古川順一・大西晴樹「ヴェーバー・テーゼの再審――椎名重明『プロテスタンティズムと資本主義』」『思想』第八八〇号、一九九七年。椎名重明「再審請求は棄却できるか――古川・大西両氏の批判に答える」第八八三号、一九九八年。

(27) 羽入辰郎『マックス・ヴェーバーの犯罪』ミネルヴァ書房、二〇〇二年、九、八一、八三頁。羽入に対する批判は、折原浩『学問の未来』未来社、二〇〇五年。橋本努・矢野善郎編『日本マックス・ヴェーバー論争』ナカニシヤ出版、二〇〇八年。更なる反批判は、羽入辰郎『学問とは何か』ミネルヴァ書房、二〇〇八年。

その視野に入れています。

おわりに

宗教改革五百年という記念すべき第六八回大会のシンポジウムは、プロテスタント各派についての研究者が、「倫理」論文をキリスト教史の資料や最近の研究から再照射することによって、ヴェーバーの問題提起の正当性の可否に幾分か答えることを目的として進めていきたいと思っています。そのために、キリスト教史学会は、学会員のなかから、それぞれのテーマに相応しい発表者に登壇してもらいました。まず、発表順で言いますと、ルター研究では大村眞澄会員、ピューリタン研究では梅津順一会員、洗礼派あるいはバプテスト派研究では大西晴樹会員、ドイツ敬虔派研究では猪刈由紀会員、そしてメソジスト研究では馬渕彰会員です。司会はエルンスト・トレルチを研究されてこられた大村修文会員にお願しました。またコメンテーターとして、クエイカー研究に長年取り組んでこられ、このたび『禁欲と改善』というヴェーバー・テーゼをめぐる刺激的な研究書(28)を出版された神奈川大学名誉教授の山本通氏をお招きしました。

最後に正誤表について説明します。また本シンポジウムでは、「倫理」論文の「正誤表」を添付しました。これは、岩波文庫本の当該頁に掲載されたヴェーバーの「事実誤認」を指摘したものです。ヴェーバーの「事実誤認」に関しては、テーゼ全体に関わる大きな問題から、注における引用文献の頁数の違いまで、大小ありますし、また百年前に発表された論文ですから、その後の研究の進展により「事実誤認」であると判明した事項も含まれます。「倫理」論文を読み解く際に参考にしていただければ幸いです。

---

(28) 山本通『禁欲と改善——近代資本主義形成の精神的支柱』晃洋書房、二〇一七年。

第一章　M・ルターの Beruf 概念[*]

大村眞澄

はじめに

ヴェーバーの「倫理」論文を検証します。筆者は本書で担当分野であるルターに関するヴェーバーの論述のうち、ルターの Beruf 概念について考察します。方法としてはヴェーバーの展開したルターの Beruf 概念の問題点を歴史神学的方法、すなわちルターの一次資料を用いて検討します。まず「倫理」論文の第一章　三「ルッターの天職概念――研究の課題」(1) について内容の確認、問題点の検証を行ないます。次にルターの Beruf 概念を提示

＊全般的事項
Beruf (beruff), Ruf (ruff) などの表記について、ヴェーバーの著作については訳文の表記を踏襲します。それ以外の著作、資料は原文の表記を尊重します。

「コリント人への第一の手紙」は「Ⅰコリント」と表記します。

M・ヴェーバーの論述を引用する際は底本の頁を表記します。

ヴァイマール版ルター全集は *D. Martin Luthers Werke, Kritische Gesamtausgabe* (Die Weimarer Ausgabe), Weimar 1883-2009. 以下略記号 WA と記します。

使用するマックス・ヴェーバー全集は、*Max Weber Gesamtausgabe*, J. C. B. Mohr (Paul Siebeck) Tübingen, 1984ff. 略記号は MWG と記します。

し、まとめとしてヴェーバーのルター評価を総括します。

一　内容の確認と問題点の検証

(一) J・タウラーに関する論述——聖職者の召命と世俗の召命について

ルターは世俗的職業に召命を適用しましたが、その先駆となったのはドイツ神秘主義、とりわけタウラーであるとヴェーバーは主張します。[2]

「この思想は、ルッター以前の時代にはタウラー〔Tauler〕に見られる。タウラーは、世俗のそれであれ聖職者のそれであれ、»Ruf«「召命」は原理的にすべて同じ価値をもつと考えた」(『倫理』注(5)一一四頁)。

「こうしたルッター風の職業思想はすでにドイツ神秘家たちによってひろく準備されていた。わけてもタウラーは聖職の召命〔Beruf〕と〔天職としての〕世俗の職業〔Beruf〕とを原理上同価値としていたし……」(『倫理』一二五頁)。

ヴェーバーによると、タウラーは一般のキリスト者にも召命があるとしました。しかも聖職者の召命と世俗の召命を同じ価値のあるものとヴェーバーは認識しています。しかしタウラーは聖職者の召命を世俗の召命よりも上位に置いています。これはヴェーバーの誤認です。[3] 召命が霊的身分に独占されるという、中世スコラ学が築いた召命観に一石を投じたのはドイツ神秘主義です。ドイツ神秘主義は修道院に入ることと関係のない召命を知っており、世俗的労働に励むことによっても神の近くにいることができるという世俗的召命の考えを示します。

タウラーは「説教四二」でこう語ります。

「聖なるキリスト教という体の目に当たるものは、教師である。これはあなたがたとは関係がない。しかしわれわれ普通のキリスト教徒は、主がそのためにわたしたちを呼び出し招いたわれわれの役割とは一体何であるのかを、主がわたしたちに与えた恩寵とはどのようなものであるのかを、よく吟味しなければならないのである。なぜならば、どんな知識も業も、それがどんなに小さなものであろうと、皆すべて恩寵であり、同じ霊が人間の益になるよう、また実りとなるよう働いてくれるからなのである。……あなたがたよ、足も手も、目になりたいと思ってはならないのである。各々は神が割り振った役割を、それがどれほど目立たぬものであろうと、しっかりと果たさなければならない。それは別の人にはできないことなのである」(4)。

タウラーは日常の務めや労働を召命として理解します。これは聖職者や修道士のみに召命があるとした中世の考えを一歩踏み出して、すべてのキリスト者に召命があるとしたところに新しさがあります。しかしタウラーは

(1)「倫理」九五―一三六頁。
(2) 大塚久雄は **Beruf, Ruf, Berufung** などを召命と訳しています。今日、日本語で召命という言葉は国語辞典にのっていない場合もあり一般的ではありませんが、大塚訳を尊重します。筆者は神の召しや召しを使用していますが、本書では召命に統一します。
(3) ドイツ神秘主義は中世後期から近代にかけて、一連の系譜をなすドイツ神秘家たちによって展開されたキリスト教神秘主義の形態をいいます。狭義には一四世紀前半のエックハルト、タウラー、ゾイゼなどを指します。
(4) J・タウラー著・田島照久訳『タウラー説教集』(ドイツ神秘主義叢書四)、創文社、二〇〇四年、一〇七―一〇八頁。

教師たちの召命を一般のキリスト者のそれの上位に置き、両者のヒエラルキーは克服されていません。K・ホルも、タウラーにおいては修道士の召命は日常の生活における召命よりも高潔であるとし、修道士の身分を上位に置くヒエラルキーはまだ残されていると指摘します。(5) かくしてタウラーは世俗的労働の宗教的評価が高まることに貢献しました。しかしなお霊的身分の優位は打ち破られませんでした。

タウラーは Ruf（召命）を職務や労働のために強調しましたが、彼は聖職者に対する Ruf（召命）は世俗的身分の人々のそれよりも高いものという確信をもっていました。この修道士の vocatio（召命）が世俗的職務の Ruf（召命）に対してより高い価値があることを切り捨てたのは、ようやくルターと宗教改革者たちによってでした。(6)これこそが決定的前提であり、新しい価値、とりわけ伝統的ルターの職業概念の核心です。

ルターの世俗の召命に関してタウラーの影響について、棚村の研究によると、タウラーのルターに対する影響は、ヴィングレンは否定的、ヴェーバーは不明確、ホルは相違性を強調しているとしますが、棚村はタウラーの影響を強調します。(7) 筆者は「説教四二」についてのルターの欄外注記がないので、ルターが本説教を読んだか否か判断できません。従ってタウラーのルターへの影響は不明と判断します。

(二)「ベン・シラの知恵」における Beruf

ヴェーバーは、ルターがドイツ語旧約聖書の「ベン・シラの知恵」(8) 一一章二〇節、二一節において Beruf というドイツ語を訳文に取り入れ、しかもその意味は職業であると主張します。

「ルッターの聖書翻訳では、まず『ベン・シラの知恵』（旧約聖書外典中の一書）の一個所（一一章二〇、二一節）で現在とまったく同じ意味に用いられているように思われる」（「倫理」九五―九六頁）。

「ルッターによる『ベン・シラの知恵』のこの個所の翻訳は、私の知るかぎりでは、ドイツ語の»Beruf«が今日の純粋に世俗的な意味に用いられた最初の場合だ（「倫理」注（3）一〇三頁）。

「そののち旧約外典を翻訳した時にも、各自その業に止まるべきであるとの、『ベン・シラの知恵』の伝統主義・反貨殖主義に基づく勧告の場合にも、両者がただ内容上類似していることから、πονος を »Beruf« と翻訳している。（これこそが決定的なまた特徴的な点なのだ。……）」（「倫理」注（3）一〇六頁）。

ヴェーバーは「ベン・シラの知恵」一一章二〇節、二一節で、ルターがポノス、エルゴンをBerufと訳し、今日の純粋に世俗的な意味に用いられた最初の例であるとし、「ベン・シラの知恵」一一章二〇節、二一節のBeruf

---

（5） K. Holl, Die Geschichte des Worts Beruf, *Gesammelte Aufsätze zur Kirchengeschichte III*, Tübingen, 1928, 206. 本論文所収の論文集は一九二八年刊行ですが、当該論文「Berufという言葉の歴史」は一九二四年初出です。

（6） 棚村重行「『神の召命（ruff, beruff）』としての世俗的職業観の形成――特にJ・タウラーとM・ルターの関係をめぐって」『神学』五五号、一九九三年、一七一―二〇〇頁。ドイツ神秘主義者タウラーの召命（ruff）としての世俗的職業観がルターに対してどのように思想史的役割を演じたかが論じられています。宗教的には世俗的職業にも神の召命が及び、その召命は隣人に対しては倫理的義務をもつと理解したのはタウラーが先駆です。ルターはタウラーの召命についての考えから大いに影響されたと結論づけます。ただ聖職優位の召命理解の否定はルターが最初であるとします。W. Conze, Art. Beruf, in: *Geschichtliche Grundbegriffe historisches Lexikon zur politisch- sozialen Sprach in Deutschland*, 2004, 493.

（7） 棚村重行、同上、一七一頁。

（8） 「ベン・シラの知恵」は旧約聖書外典です。「イエス・シラク」とも言います。ローマ・カトリック教会では正典です。ルター派の教会は旧約外典に入れていますが、カルヴァン派は除外しています。ルターはヒブル語旧約聖書のみを規範的な正典とします。旧約外典はそのドイツ語訳聖書の中に付録として加え、その標題をApokrypha（旧約外典）としました。ヴァイマール版ルター全集のドイツ聖書一二巻に収載されています。WADB. 12, Jesus Syrach (1533), 152-289.

がはじめて職業の意味で使用されたことを強調します。ヴェーバーはBerufという言葉が宗教的な召命と世俗的職業の二つの意味を持つ言葉であることを提示しなければルターのBeruf概念を説明できないと考えていたからです[9]。しかしここでヴェーバーの主張を鵜呑みにすることはできません。このBerufという言葉の意味を更に深く検討する必要があります。

本邦では沢崎堅造が「ベン・シラの知恵」一一章二〇節、二一節に言及しています。彼は三点疑問を呈します。

「第一にこの箇所の原文の意味である。ギリシァ文に拠らないでも邦訳二十節の『汝の業に熟達せよ』とあるのは、それを『汝の契約に確く立ちて』『常にこれを保ち』て、即ち定められたるところまたは状態、身分という意味が極めて強い。また二十一節の『汝の労働に止れ』というのを見ても、直ぐにその労働の意義が現代的な活動的な労働を意味しているとすることはできないことがわかる。労働に止れとはいかなる意味か。ルーテルがもし原意に忠実なるものとすれば、その „Beruf“ は決して近代的意義の活動的労働を意味したものではない。第二にルーテルの根本的な考え方からすれば、この時までの文献を見てもわかるように、決して単に世俗的職業を是認せんとするに積極的であったとは思われない。彼は聖職を卑しめたのではない。否、却って世俗的職業をもなお神の業として宗教化したのである。宗教化したとは神の選びまたは召命としたことである。それは、その処にあって、その事の中に、即ちその場所と状態とにあって可能なりとしようとした。従ってどうしても世俗的職業の活動や行為を薦めるために、Berufを用いたのではないとしなければならない。このBerufは近代的な意義よりは、むしろ中世的な、または正統的な召命観、即ち状態、地位、身分を重んずるところの考えに近いとさえいえる。第三に、もし仮りにこの部分に於てルーテルがよほど進んで近代的意義での世俗的職業行為を意味したとするならば、それはルーテル本来の考え方から出たとするよりは、むしろメランヒトンを初め多くの人文主義の教養を受けたものより出たと考える方がより妥当であると思う。けだし聖書翻訳に於てもルーテルは最後には必ずメランヒトンを初め多くの友人の意見を聴いたのであるから[10]」。

このように沢崎は「ベン・シラの知恵」一一章二〇節、二一節を職業と解することに否定的です。本邦では沢崎の他に「ベン・シラの知恵」一一章二〇節、二一節の Beruf に関する論考を見いだせませんでした。

「ベン・シラの知恵」一一章二〇節、二一節で、ルターが世俗的活動を意味するポノス、エルゴンを Beruf と訳したからと言って、Beruf を職業と解するのは早計です。ルター自身、当時 beruff という語を使うことはありましたが、その意味はせいぜい命令、召命、立場、職務、従順などです[11]。ルターが「ベン・シラの知恵」について説教なり、講解なり、著作なりを残していれば、この個所の Beruf の意味が判断できるでしょうが、そのような文献を筆者は知りません。聖書翻訳での一語でもって、「ドイツ語の »Beruf« が今日の純粋に世俗的な意味に用いられた最初の場合だ」とするには、あまりにも説得力に欠けます。ルターが「ベン・シラの知恵」一一章二〇節、二一節で世俗的活動を意味するポノス、エルゴンを職業の意味で Beruf と訳したとする、いわゆるベン・シラ説を唱えているのは少数派であって、ヴェーバーや H・フィシャー（H. Fischer）です。

これについてK・ホルは「Beruf という言葉の歴史」（一九二四）で、フィシャーはルターがこの言葉（Beruf）を「ベン・シラの知恵」一一章二一節の翻訳で一五三四年にはじめて使用したと記していることに言及しています。しかしホルはフィシャーに対して、ルターはもっと早く ruff という言葉のかたわら beruff という言葉でも言

（9）「倫理」九五頁。
（10）沢崎堅造著『キリスト教経済思想史研究』未来社、一九六五年、五三―五四頁。
（11）大村眞澄「M・ルターの Das Euangelium an S. Johannis tag における Beruf 理解」『神学研究』第五二号、二〇〇五年、一三五―一三六頁。

い表していたことに対して回答を与えねばならないと警告しています。[12] かみ砕いて言えば、フィシャーは「ベン・シラの知恵」一一章二一節でルターがはじめてBerufを職業の意味で使用したと主張しますが、ホルはそれ以前に「聖ヨハネの日の説教」(一五二二)でルターがberuffを使ったことを重視します。

沢崎とホルの見解を紹介しましたが、筆者もこの個所は職業とはとれないと考えます。ヴェーバーが根拠にする程に重要な聖書翻訳個所なのか疑問に感じます。筆者はルターがBerufという言葉に職業の意味を持たせた個所を探し求めましたが、叶いませんでした。おそらくルターは生涯Berufという言葉に職業の意味を込めなかったのでしょう。[13]

(三)「Iコリント」七章二〇節のBeruf

「ベン・シラの知恵」一一章二〇節、二一節を検討し、ヴェーバーの見解に疑問を投げかけましたが、ヴェーバーはこれに関して長文で、複雑かつ難解な注を付けています(「倫理」注(3)一〇一—一〇九頁)。

「さて、〔「職業を意味する」ドイツ語の「ベルーフ」〕»Beruf«という語のうちに、また同じ意味合いをもつ英語の『コーリング』»calling«という語のうちにも一層明瞭に、ある宗教的な——神からあたえられた使命(Aufgabe)という——観念がともにこめられており、個々の場合にこの語に力点をおけばおくほど、それが顕著になってくることは見落としえぬ事実だ。……むしろこの語とそれがもつ現在の意味合いは聖書の翻訳に由来しており、それも原文の精神ではなく、翻訳者の精神に由来しているということだ」(「倫理」九五頁)。

「むしろこの語とそれがもつ現在の意味合いは聖書の翻訳に由来しており、それも原文の精神ではなく、翻訳者の精神に由来しているということだ」とヴェーバーは冒頭で述べていますが、Berufという言葉はルター自身の思想に由来しており、聖書翻訳の際にもその考えが反映されたものと考えます。従ってルターのBerufに関する思想的展開を明らかにすることが先であり、聖書翻訳はその結果です。ルターが信仰義認の教説から、召命は聖職者のみではなく、一般のキリスト者にも与えられると説いたことが重要であり、これこそが職業＝召命概念を形成するに至ったのです。RufとBerufとの関係あるいはBerufの言葉の形成およびその意味の変遷はルターの考えに従って、後追いで形成されたものと考えます。

「翻訳者の精神」とありますが、原文は複数形「翻訳者たちの精神」です。[14] ここではルターの聖書翻訳がBerufという言葉の成り立ちや「職業」という意味の形成に寄与しているとヴェーバーは主張しますが、後でみるように、ヴェーバーは「ルッター訳聖書（現在普通に見られる）にしたがえば……二〇節『各自は、召されたままの状態に止まっているべきである』(Ein jeglicher bleibe in dem Beruf, in dem er berufen ist)」[15] と表現しています。ヴェーバーは当該個所をBerufと訳したのはルターでないことを言外に伝える意図をもって、聖書翻訳者たちと複数形を使用したと思われます。聖書翻訳に於いては、ルターは一五二二年版ドイツ語新約聖書、一五四五年版ドイツ語新約聖書ともに「Iコリント」七章二〇節のクレーシスをruffと訳しています。[16]

---

(12) K. Holl, op. cit., 217.

(13) Berufという言葉はドイツ語では宗教改革期（ルター一五二二年）以来、一般的に使用されるようになりました。W. Conze, op. cit., 490-491. Berufの内的召命への関係およびStandとArbeitとの関係はルターによって完成されました。後に分離するBerufとBerufungの表象はルターにおいては一体です。当初は世俗的意味で神学的意味合いの強いBerufを使うことははばかられ、一八世紀後半、一般的市民的召命は社会の生業と同義となりました。W. Conze, op. cit., 499.

(14) und zwar aus dem Geist der Übersetzer, nicht aus dem Geist des Originals. MWG. I/18, *Die protestantische Ethik und der Geist des Kapitalismus / Die protestantischen Sekten und der Geist des Kapitalismus, Schriften 1904-1920*, 2016, 215. der Übersetzerと複数形をとっています。

(15) 「倫理」一〇五頁。

「(「Iコリント」七章に関して)ルッターは、さしあたって、まったく異なった二つの概念を»Beruf«と翻訳している。第一はパウロの用いているκλῆσιςで、神によって永遠の救いに召されるという意味だ。……これらの場合のκλῆσιςは純粋に宗教的な概念で、使徒の宣布した福音を通じて神のなし給う招きを指すに過ぎず、今日の意味における世俗的な「職業」とは、いささかの関係もない」(「倫理」注(3)一〇二頁)。

「第二に、ルッターは――前にも一言したとおり――前注に引用した『ベン・シラの知恵』の一句として……»beharre in deinem Beruf«および»bleibe in deinem Beruf«と翻訳し、……ルッターによる『ベン・シラの知恵』のこの個所の翻訳は、私の知るかぎりでは、ドイツ語の»Beruf«が今日の純粋に世俗的な意味に用いられた最初の場合だ。……以上のように、ルッター以後および現在の意味での»Beruf«という語はそれ以前のドイツ語には存在せず、また――私の知るかぎり――ルッター以前の聖書翻訳者や説教者もそれを用いてはいない」(「倫理」注(3)一〇二―一〇三頁)。

「Berufに関するルッターのこうした一見まったく相異なる二種の用語法に連絡をつけてくれるのは、『コリント人への第一の手紙』の中の章句とその翻訳だろう」(「倫理」注(3)一〇四頁)。

「ルッター訳聖書(現在普通に見られる)にしたがえば、問題の章句を中心とする前後の関係は次の通りだ。――『コリント人への第一の手紙』七章一七節『……各自は……神に召された(berufen)ままの状態にしたがって歩むべきである。……』、一八節『召された(berufen)とき割礼を受けていたら、その跡をなくそうとしないがよい。召された(berufen)とき割礼をうけていなかったら、割礼を受けようとしないがよい』、一九節『割礼を受けても受けなくてもこれは問題ではない。大事なのは神の戒めを守ることである』、二〇節『各自は、召されたままの状態に止まっているべきである』(Ein jeglicher bleibe in dem Beruf, in dem er berufen ist ……)」(「倫理」注(3)一〇四—一〇五頁)。

「——この個所でもκλῆσιςは決して今日のドイツ語の»Beruf«の意味ではない。ところで、ルッターは、各自その現在の状態に止まれ、との終末観に基づく勧告の場合に、κλῆσιςを»Beruf«と翻訳したが、そののち旧約外典を翻訳した時にも、各自その業に止まるべきであるとの、『ベン・シラの知恵』の伝統主義・反貨殖主義に基づく勧告の場合にも、両者がただ内容上類似していることから、πονοςを»Beruf«と翻訳している。(これこそが決定的なまた特徴的な点なのだ。前述のように、『コリント人への第一の手紙』七章一七節にみえるκλῆσιςは決して「職業」すなわち一定領域の仕事を指すものではない)」(「倫理」注(3)一〇六頁)。

ヴェーバーは、Berufの第一の用法(純宗教的意味、召命)と第二の用法(世俗的な活動=職業)を結び付けてくれるのは「Iコリント」の中の章句とその翻訳であるとします。二点指摘しています。

第一点、「ところで、ルッターは、各自その現在の状態に止まれ、との終末観に基づく勧告の場合に、κλῆσιςを»Beruf«と翻訳したが」と、ヴェーバーはあたかもルターが七章二〇節のクレーシスをBerufと訳したように記していますが、七章二〇節のクレーシスがBerufと訳されている個所を提示しているものの、しかし現在普通に見られるルター聖書とヴェーバーは断っています。これだとルターが生前七章二〇節のクレーシスをBerufと翻訳したことにはなりません。

(16) WADB. 7, 104, 105.

第二点、「Ⅰコリント」七章二〇節前後の終末論的勧告と「ベン・シラの知恵」一一章二〇節、二一節の伝統主義・反貨殖主義に基づく勧告が内容上似ているからクレーシスを Beruf と訳したとします。「Ⅰコリント」七章二〇節と「ベン・シラの知恵」一一章二〇節、二一節は内容が似ているだけでなく、文体も類似していることに注目します。(17) ルターは「Ⅰコリント」七章二〇節を先にドイツ語に翻訳しており、「ベン・シラの知恵」一一章二〇節、二一節をドイツ語に訳す際、余りに両個所が似通っていることから、つい Beruf という言葉を訳語にあてたのではないかと思ってしまいます。これらの二つの状況が似ているので、(18) ルターがポノス、エルゴンを Beruf と訳したとすることには納得できますが、「Ⅰコリント」七章二〇節のクレーシスをルターが Beruf と訳したことを提示できていないので、架橋句としての「Ⅰコリント」七章二〇節の主張は弱まってしまいます。

更に付言すると「前述のように、『コリント人への第一の手紙』七章一七節にみえるクレーシスは決して『職業』すなわち一定領域の仕事を指すものではない」とありますが、この七章一七節にみえるクレーシスは七章二〇節の間違いではないのか。ヴェーバーの論述を好意的に読み込んで、「Ⅰコリント」の中の章句とその翻訳が Beruf の二つの用語法を架橋するのなら、七章一七節でも可能かもしれませんが、七章一七節にはクレーシスはなく、その動詞形である berufen となっているので、余りにも唐突、かつ説明不足で不親切です。

羽入は、「問題はなにゆえ急に、これまでの議論においては全く問題になっていなかった七・一七を――これまで議論されてきたのは飽くまでも『コリントⅠ』七・二〇のはずであったにもかかわらず――ここで唐突に、それも加筆してまで持ち出す必要がヴェーバーにあったのか、ということである」と論じています。(19)

「(七章) 二〇節については、ルッターは一五二三年にこの章の釈義で、まだ古いドイツ語訳にならって κλῆσις を »Ruf« と翻訳し (Erl.Ausgabe, Bd.51, S.51)、さらに »Stand« 『身分、状態』の意味に解している」(「倫理」注 (3) 一〇五頁)。

「一五二三年にこの章の釈義で」とは、『Ｉコリント七章講解』（一五二三）を指します[20]。ヴェーバーが『Ｉコリント七章講解』（一五二三）にふれ、ルターは七章二〇節のクレーシスを ruff と訳し、その意味を »Stand«「身分、状態」の意味に解していると叙述するということは、一五二二年版ドイツ語新約聖書「Ｉコリント」七章二〇節のクレーシスが ruff であることを暗示しています。

要するにヴェーバーの出発点は、ヴェーバーの手元にあった現在普通に見られるルター訳聖書を見たところ、「Ｉコリント」七章二〇節に Beruf があり、それはルターが訳したと思い込んだところにあります。しかもヴェーバーの時代、Beruf という言葉は職業の意味で一般的に使われていました。ところが『Ｉコリント七章講解』（一五二三）で七章二〇節のクレーシスが ruff であることを確認し、それで一五二二年版ドイツ語新約聖書には触れず、ルター訳聖書（現在普通に見られる）として論述を進めていったと思われます。ヴェーバーはルターの聖書翻訳が »Beruf« という言葉の成り立ちや職業という意味の形成に寄与していると主張しますが、彼はルターが生前「Ｉコリント」七章二〇節のクレーシスを Beruf と訳した個所を見いだせませんでした。それならば他の

(17)「ベン・シラの知恵」一一章二〇節は、一五三三年版ドイツ語旧約聖書では、Bleib jnn Gottes wort, und ube dich drinnen, und beharre jnn deinem beruff, ... 一一章二一節は、Vertrawe du Gott, und bleib jnn deinem beruff. です。WADB. 12, 178 参照。「Ｉコリント」七章二〇節は、一五二二年版ドイツ語新約聖書では、Eyn yglicher bleybe ynn dem ruff, darynnen er beruffen ist. となっています。WADB. 7, 104.「ベン・シラの知恵」一一章二〇節の beharre jnn deinem beruff, 同じく二一節の bleib jnn deinem beruff と「Ｉコリント」七章二〇節の bleybe ynn dem ruff は内容のみでなく、文体も似かよっていることがわかります。

(18) 終末論は世の終わりの日が迫っているので、じたばたせず、静かに現状のままで暮らしなさいという教えであり、伝統主義・反貨殖主義は、過去から受け継がれてきたことを尊重し、あくせくしてお金を稼ぐことはないとする思想です。両者は共に今ある状況を生きなさいという点で似ています。

(19) 羽入辰郎著『マックス・ヴェーバーの犯罪』ミネルヴァ書房、二〇〇二年（初版第七刷二〇〇八年）、一一〇頁。

(20) *Das siebend Capitel aus der Epistel S. Pauli zu den Chorintern*, WA. 12, 95-142. はじめにルターは「Ｉコリント」七章のテキストの全文を掲載しますが、これは前年一五二二年九月に出版された『ドイツ語新約聖書』とほぼ同じです。

個所で是が非でも探し出さなければならなかった。その目的を叶えてくれたのが「ベン・シラの知恵」一一章二〇節、二一節のBerufだったのです。そのような事情からヴェーバーは「ベン・シラの知恵」一一章二〇節、二一節におけるルターによるBerufという語の翻訳が重要で、また決定的だとする論旨を展開せざるを得なくなりました。

ヴェーバーは『Iコリント七章講解』（一五二三）を取りあげ、問題の七章二〇節のクレーシスをルターはRufと翻訳したと論じている点について、[21]筆者は一点疑問を呈します。本講解においてルターは七章二〇節を「各人は各人が召されているその召し（ruff）にとどまるべきである」と訳し、ギリシヤ語のクレーシスという言葉にruffをあてています。文脈から判断して、ここでは奴隷の立場に召されていることが語られているので、その人が置かれている召命を指しています。聖書講解においてルターはruffを用いず、beruffという表現をとっています。すなわちパウロの言葉を直接話法で言い換え、「君は君が召されているその召し（ym beruff）にとどまるべきである」と記しているのです。[22]ヴェーバーは『Iコリント七章講解』（一五二三）に言及しているのですから、ルターが七章二〇節のクレーシスを聖書講解でberuffと記した個所を見逃すはずはないのではないかと考えます。

ヴェーバーのルターのBerufについての論考は聖書翻訳についてのみであって、肝心のルターの思想に踏み込んだものとはなっていません。K・ホルは「M・ヴェーバーは（現在は『宗教社会学論集』第一巻六三頁以降に所収されている）Berufという言葉の歴史に対して重要な教示をし、正しい輪郭を追跡した。しかし研究はもっと広い基盤に基づいて行なわれなければならない。私はそれを他の場所で後から届けようと思っている」[23]と述べています。その研究とは「Berufという言葉の歴史」（一九二四）を指します。ヴェーバーの「倫理」論文（原論文一九〇四／五、改訂論文一九二〇）はそれ以前に書かれているので、ヴェーバーはホルのこの論文を参考にすることは出来ませんでした。

① K・ホル著「Berufという言葉の歴史」（一九二四）

そこでK・ホル著「Berufという言葉の歴史」（一九二四）を紹介します。本論文はBerufに関する本格的な研究です。ホルはBerufという言葉に注目し、この言葉の形成過程を論じ、ルターにおけるBerufの意味を明らかにしています。言い換えればルターの全内的発展をとおしてルターのBeruf概念を描こうとしたところに特徴があります。ホルはドイツ語のBerufという言葉の由来と、Berufという言葉がいかにして今日のStandやAmtと同じ意味をもつに至ったかを歴史的に丹念に考察しました。このテーマについて体系的にまとめられた研究としては嚆矢です。

Berufという言葉の由来はパウロのクレーシス解釈から端を発しました。ルターは一五二二年のKirchenpostilleのある説教で、はじめてBerufを今まで通り召命（Berufung）の意味で使う代わりに、Stand（立場）、Amt（職務）あるいはBefehl（命令）と同じ意味で使用し、今日のBerufという言葉が形成されたとホルは導きます。

この説教は「聖ヨハネの日の説教」（一五二二）[24]です。ホルは本説教ではじめてberuffを今日の世俗的活動の意味でルターが使用したと述べています。[25] G・ヴィングレンもそれに同意しています。[26] 言葉の歴史はその意味の完全な回転（Umdrehung）を示しています。はじめに修道士の身分のみが一つの召命（Beruf）をもった。ルターは逆のことを言います。まさに修道士の身分は召命（Beruf）をもたない。ルターは真の召命はこの世の、そしてそ

---

(21) 大村眞澄「M・ルター『Ⅰコリント七章講解』（一五二三）におけるBeruf理解」『キリスト教史学』第六〇集、キリスト教史学会、二〇〇六年、一〇七–一〇八頁。
(22) 大村眞澄、同上、一〇八頁。
(23) K. Holl, *Gesammelte Aufsätze zur Kirchengeschichte I*, 6 Aufl., Tübingen, 1932. 259-260.
(24) WA. 10/1/1, 305-324.
(25) K. Holl, *Die Geschichte des Worts Beruf, Gesammmelte Aufsätze zur Kirchengeschichte III*, Tübingen, 1928, 217.
(26) G. Wingren, Art. Berf II, in: *TRE5*, Berlin 1979, 660.

の労働のうちに実現すると理解した、とホルは締めくくります。

② M・ルター著「聖ヨハネの日の説教」（一五二二）

次にK・ホルが取り上げた「聖ヨハネの日の説教」（一五二二）を検討します。[27] 本説教でルターは「Ⅰコリント」七章二〇節に言及しています。

「わざが大きいか、小さいか、尊敬すべきか、軽蔑すべきか、霊的か、肉的か、あるいはどのような名誉と名声をこの地上でもっていようと、わざを顧慮しないように、われわれは目を閉じなければならない。そうではなく、わざの中にある命令と従順に（注意しなければならない）。たとえそれが一本の藁しべを拾うほど些細なものであっても。同様に、わざはまた正しく、価値が高く、まったく崇高なのである。たとえそれが一本の藁しべを拾うほど些細なものであっても。……神の目はわざではなく、わざにおける従順を顧慮される。それ故神はまた、われわれが神の命令と召し（seynen befelh und ruff）に注意するよう望まれる。それについて聖パウロは『Ⅰコリント』七章で、各人は彼が召された召し（ynn dem beruff）にとどまるべきである（Eyn iglicher bleyb ynn dem beruff, darynn er beruffen ist）と語っている」。[28]

本説教では召命が発展的に語られました。神は直接各々のキリスト者に命令を発せられる。各人はその命令を召命として受け取るが、この召命は各人の立場において示されるので、召命の具体的な内容はその立場においてなす使命、つまり各人の行う職務です。そして神は、神が命じられた職務をキリスト者がいかに従順に果たしているか否かをみられる。神に仕えるとは、日常の職務に精励して神の命令に従うことです。神は各人の召命において示された職務を従順に果たしているその生きざまに、その人の信仰をみておられるとルターは考えます。こうして命令、召命、立場、職務、従順が関係づけられ、ルターの Beruf 概念の全体像が浮かび上がってきます。

もう一点注目すべきことは、本説教においてルターは聖書翻訳以外で、はじめて beruff という言葉を使用しました。[29] beruff の用法をみると、ルターは召命、命令、立場、職務、従順などの意味で用いています。ルターは ruff に代えて beruff という言葉を使用し、この言葉に召命という宗教的意味合いを盛り込みました。召命を聖職

---

(27) WA. 10/1/1, 305-324.

(28) WA. 10/1, 1, 310.「聖ヨハネの日の説教」、本説教は一連の聖書日課にしたがって一五二一年一二月二七日の聖ヨハネの日のために執筆されたヨハネによる福音書二一章一九―二四節についての講解説教です。*Das Euangelium an S. Johannistag*, WA. 10/1/1, Weimar, 1910, 305-324.

チュービンゲン大学後期中世と宗教改革研究所の Luther Archiv の beruff の項目についてのカード検索の結果、聖書翻訳以外でルターがはじめて beruff を使用したことを確認しました。「聖ヨハネの日の説教」(一五二二) も『ドイツ語新約聖書』(一五二二) も出版年は一五二二年ですが、ルターが執筆したのは両著作ともヴァルトブルク城に滞在していた一五二一年五月四日からヴィッテンベルクに帰還する一五二二年三月一六日の間です。「聖ヨハネの日の説教」(一五二二) は一五二一年にヴァルトブルクで書かれました (MWG. I/18, 246-247 参照)。この説教は Weihnachtspostille の一つで、Kirchenpostille 1522 に収められています。M・ブレヒトによりますと、ルターは Weihnachtspostille の終了とともに新約聖書のドイツ語の翻訳を望んだという記載があります (M. Brecht, *Martin Luther Bd. 2, Ordnung und Abgrenzung der Reformation, 1521-1532*, Stuttgart, 1986, 54 参照)。

『ドイツ語新約聖書』(一五二二) はルターがヴィッテンベルクへの帰還前に一一週足らずで翻訳を終えたという記述があります (M. Brecht, Ibid., 54 参照)。

ルターは一五二二年三月一六日にヴィッテンベルクに帰還していますので、逆算すると一五二一年一二月に新約聖書のドイツ語翻訳を開始したことになります。これらを総合しますと、「聖ヨハネの日の説教」(一五二二) の執筆は『ドイツ語新約聖書』(一五二二) の翻訳よりも先ということになります。「聖ヨハネの日の説教」(一五二二) において「Iコリント」七章二〇節のクレーシスを beruff と訳したことは、『ドイツ語新約聖書』(一五二二) でルターがエフェソの信徒への手紙一章一八節、四章一節、四節、テサロニケの信徒への手紙二　一章一一節、ペトロの手紙二　一章一〇節、ヘブライ人への手紙三章一節の六個所で beruff と訳したことに先行します。WADB. 7, 194, 200, 252, 316, 350. ヴェーバーは上記六個所に加えてIコリント一章二六節も Beruf であると記していますが (「倫理」一〇二頁)、同個所は ruff でした。WADB. 7, 90. MWG. I/18.217.

(29) 本説教でルターは八回 beruff を使用しています。「Iコリント」七章二〇節を、ルターは Eyn iglicher bleyb ynn dem beruff, darynn er beruffen ist と語っています。WA. 10/1/1, 310.

者や修道士だけの独占物ではなく、すべてのキリスト者に開放する意図をもって、ルターがberuffという言葉を使用したと推測されます。

③ 本邦におけるヴェーバー研究――羽入―折原論争

ここで本邦におけるヴェーバー研究を概観します。ヴェーバーの「倫理」論文に関して、近年本邦では羽入辰郎著『マックス・ヴェーバーの犯罪』[30]がヴェーバー学界に大きな波紋を呼び起こしました。本のタイトルにもあるように、マックス・ヴェーバーの犯罪、あるいはマックス・ヴェーバーの詐術などと衝撃的な告発の内容となっています。羽入は「倫理」論文を文献学的に批判し、綿密な資料研究をヴェーバーが怠ったことを批判しています。ルターに関しては、羽入はこう述べています。

「ルターが『コリントI』七・二〇の当該箇所を „Beruf" という言葉で訳したことは一度もなかったのである[31]」。

「ヴェーバーによって『倫理』論文中に引用されていた『コリントI』七・二〇における „Beruf" という訳語がマルティン・ルターに由来するものではなかったこと、このことは筆者による世界で初めての発見であり、これまで世界で誰一人として気づいてこなかったものである[32]」。

これに対してヴェーバー研究者たちは折原浩を代表格として反論しましたが、決定的に羽入をやり込めるだけの材料は得られませんでした。唯一折原浩は、『Iコリント七章講解』(一五二三)で、ルターは「Iコリント」七章二〇節のklēsisを聖書講解でberuffと表現したことに触れているのみです[33]。他にも橋本努他編『日本マックス・ウェーバー論争』[34]がありますが、正鵠を射た反論ではなく、苦し紛れの論述が散見されます。

先程「聖ヨハネの日の説教」（一五二二）と『Iコリント七章講解』（一五二三）で、「Iコリント」七章二〇節のクレーシスをルターがberuffと訳したことに言及しました。羽入はルターの新約聖書のドイツ語翻訳のみに注視し、ルターの思想がどのように展開されていったかに目を向けません。ルターのBeruf概念を取り扱うなら、ルターの著作にあたり、彼の思想展開を追わなければなりません。

後段、「ヴェーバーによって『倫理』論文中に引用されていた「コリントI」七・二〇における„Beruf"という訳語がマルティン・ルターに由来するものではなかったこと、このことは筆者による世界で初めての発見であり、これまで世界で誰一人として気づいてこなかったものである」。この記述について羽入は、『マックス・ヴェーバーの犯罪』二〇〇八年初版第七刷の補注（五）で、「ヴェーバーが"Beruf"- 概念に関する自らの主張の典拠の一つとした『コリントI』七・二〇が、ルターによっては"Beruf"とは訳されていなかったことを世界で初めて発見したのは著者である、という主張は撤回する。戦前の段階ですでに発見した人物が存在する。それも我が国の学者である。沢崎堅造である」[35]と訂正しています。

(30) 羽入辰郎著『マックス・ヴェーバーの犯罪』ミネルヴァ書房、二〇〇二年（初版第七刷二〇〇八年）。本書では二〇〇八年のものを使用します。羽入は、第七刷への補注について、「本書出版後、明らかになった誤植等を除く筆者の間違いを、補注（1）から（5）の形で訂正した（羽入辰郎、同上、二八二―二八四頁）。但し、筆者の間違いが明確に分かるよう、補注を付した部分の原文は初刷当時から変更していない」と記しています。「はじめに」のvi頁参照。
(31) 羽入辰郎、同上、八一頁。
(32) 羽入辰郎、同上、一二五頁。
(33) 折原浩著『ヴェーバー学のすすめ』未來社、二〇〇三年、七八頁。
(34) 橋本努他編『日本マックス・ウェーバー論争』ナカニシヤ出版、二〇〇八年。
(35) 羽入辰郎、前掲書、二八四頁。

もう一点指摘すれば、羽入は『マックス・ヴェーバーの犯罪』で、G・アブラモフスキー著・松代和郎訳『マックス・ウェーバー入門』[36]のK・ホルに関する言及個所及びその前後を読んで、一二五頁注一九を書いています。[37]当然K・ホルの「Berufという言葉の歴史」にも言及していますが、[38]もしも羽入がK・ホルの「Berufという言葉の歴史」の全文を読んでいたとしたら、ルターが「Ⅰコリント」七章二〇節のクレーシスをberuffと訳した個所に出会ったはずです。ですから「ただし、いずれにしても、ヴェーバーの『人の眼を眩惑させる回答の試みは……虚偽である』とまで断定し得たホルもまた、〝『コリントⅠ』七・二〇におけるルターによる„Beruf"という訳〟というヴェーバーの主張が正に〝虚偽〟であったことには気づくには至らなかった」[39]と羽入は記していますが、ホルはルター研究の大家であり、[40]当然のことルターのBerufに関する歴史に精通しており、羽入のホル批判は的外れです。

④「Ⅰコリント」七章二〇節のBeruf再考

先ほど「聖ヨハネの日の説教」(一五二二)と『Ⅰコリント七章講解』(一五二三)でルターが「Ⅰコリント」七章二〇節のクレーシスをberuffと表現した個所を提示しましたが、この二つの文献をヴェーバーは「倫理」論文で引用しています。[41]丹念に文献を読めば、ルターが七章二〇節のクレーシスをberuffと表現した個所に行きつくはずです。しかしヴェーバーは見過したのか、この点には触れていません。ヴェーバーがあくまで聖書翻訳のみに固執したのであれば、この二個所を無視したともとれます。しかしK・ホルが指摘しているように、研究はもっと広い基盤に基づいて行なわれなければならないのですから、ヴェーバーの論考は一面的すぎます。余りにも聖書翻訳におけるBerufという言葉にヴェーバーはこだわり過ぎた結果、無理な論理展開をせざるを得なくなったように思います。

ルターはruffという言葉を使うかたわらberuffも並行して使用しています。ruffとberuffの言語使用の揺れに

関して、ルターが年代ごとにberuffを使用した回数を調べたところ、ルターがはじめてberuffを使った一五二二

(36) G・アブラモフスキー著・松代和郎訳『マックス・ウェーバー入門』創文社、一九八三年。

(37) 羽入は多くのヴェーバー研究者の諸説を紹介しています。アブラモフスキーは『マックス・ウェーバー入門』でK・ホルを頻繁に引用します。羽入はアブラモフスキーがホルの本来の意図をねじ曲げた恣意的引用に満ちているとし、ホルについて詳述しています。羽入辰郎、前掲書、注(19)、一二五—一三七頁参照。

(38) 羽入辰郎、同上、一三一、一三二頁参照。

(39) 羽入辰郎、同上、一三七頁。

(40) K・ホルは衰退していたルター研究を復興させ、ルタールネッサンスを主導しました。弟子には高名なルター学者であるP・アルトハウスやH・ボルンカム等を輩出しています。徹底して一次資料を重視しました。ホルのルターに関する見解は、ルターは中世を打破した人物として賞賛します。他方トレルチは、ルター等の宗教改革は中世に属し、近代は一八世紀の啓蒙思想から始まり、ルターは古プロテスタンティズムそのものであり、新プロテスタンティズムとは峻別されるべきであると主張します。

(41)『Iコリント七章講解』(一五二三)をヴェーバーは「倫理」注(3)一〇五頁で取りあげています。「聖ヨハネの日の説教」(一五二二)は、ヴェーバーが「このようにして、ルッターの場合、天職概念は結局伝統主義を脱するにいたらなかった。世俗的職業なるものは神の導き(Fügung)として人が甘受し、これに「順応する」べきものであって、――こうした色調のかげにかくれて、職業労働は〔天職として〕神から与えられた使命、否むしろ使命そのものだとする彼のいま一つの思想は色あせてしまった」(「倫理」一二五頁)と記した個所の注で、この「いま一つの思想」の注としてヴェーバーは次のように記しています。

説教集(Kirchenpostille, Erl. Ausg., 10, SS. 233, 235-6)には「誰もがいずれか一つの天職(Beruf)に召されて(berufen)いる」とある。各自はこの天職(Beruf)(S. 236では端的に「命令」Befehlとなっている)に従い、それにおいて神に奉仕せねばならぬ。神の喜びたまうものはその成果ではなく、そのなかに認められる従順なのである」(「倫理」注(2)一二七頁)。

この説教集を突きとめるべく、ルター全集のErlangen版を検索しましたが、本邦ではErlangen版を所蔵しているところを見いだすことができませんでした。ところがMWG. I/18には現在入手可能なWeimar版での個所が示されており、Kirchenpostille, Erl. Ausg., 10, SS. 233, 235-6は、「聖ヨハネの日の説教」(一五二二)WA. 10/1/1, 305-324であることが判明しました。MWG. I/18, 246-247.

年は一八回、最多は一五三三年の四四回です。傾向的には一五二二年から一五二四年にかけては三一回。使用回数が多い時期は一五二五年から一五三三年にかけて一八六回。晩年は一五四〇年から一五四六年は一九回です。[42]回数についてはルターの著作数とも関係するので一概に論評できませんが、少なくともこうは言えるでしょう。ルターは必ずしも言語使用において、一直線にruffからberuffへと移行したのではないと。更に付言すれば、ルターはruffとberuffを区別せず、両者をあまり意識せずに使っていたと判断します。あえて大胆にルターのBerufに関する言語使用について述べれば、ルターはberuffという言葉を創案しましたが、beruffに固執せず、ruffもberuffと同じ意味で使用しました。もしもルターがberuffに収束する意図をもっていたら、一五四五年版ドイツ語新約聖書の「Ⅰコリント」七章二〇節のクレーシスはruffではなくberuffと訳されていたでしょう。

(四) 世俗内的義務の遂行について

ヴェーバーが展開した世俗内的義務の遂行に関する論述について検討します。

「次の一事はさしあたって無条件に新しいものだった。すなわち、世俗的職業の内部における義務の遂行を、およそ道徳的実践のもちうる最高の内容として重要視したことがそれだ。これこそが、その必然の結果として、世俗的日常労働に宗教的意義を認める思想を生み、そうした意味での天職（Beruf）という概念を最初に作り出したのだった。……神によろこばれる生活を営むための手段はただ一つ、各人の生活上の地位から生じる世俗内的義務の遂行であって、これこそが神から与えられた『召命』»Beruf«にほかならぬ、と考えるというものだった」（「倫理」一〇九―一一〇頁）。

「宗教改革そのもののなしえたことは、さしあたって、次の点にすぎなかった。すなわち、カトリック教徒の見解とは対照的に、世俗内の職業として編制された労働に対して道徳的重視の度合いや宗教的褒賞をいちじるしく強めたということだった」(「倫理」一一七頁)。

「各人は原則としてひとたび神から与えられれば、その職業と身分のうちに止まるべきであり、各人の地上における努力はこの与えられた生活上の地位の枠を超えてはならない、のである。こうして彼の経済的伝統主義は、最初はパウロ的な無関心的態度の結果だったのに、のちには、いよいよその度を加えてきた摂理の信仰に基づくものとなり、神への無条件的服従と所与の環境への無条件的適応とを同一視するにいたった。このようにして、ルッターは結局、宗教的原理と職業労働との結合を根本的に新しい、あるいはなんらかの原理的な基礎の上にうちたてるにはいたらなかった」(「倫理」一二二頁)。

「このようにして、ルッターの場合、天職概念は結局伝統主義を脱するにいたらなかった。世俗的職業なるものは神の導き(Fügung)として人が甘受し、これに「順応する」べきものであって、――こうした色調のかげにかくれて、職業労働は〔天職として〕神から与えられた使命、否むしろ使命そのものだとする彼のいま一つの思想は色あせてしまった」(「倫理」一二五頁)。

(42) ルターが年ごとにberuffを使用した回数を調べてみますと、一五二二年一八回、一五二三年四回、一五二三―一五二四年九回、一五二四―一五二七年四七回、一五二五年八回、一五二六年一回、一五二七年二回、一五二八年九回、一五二八―一五二九年一六回、一五二九年七回、一五三〇年一三回、一五三〇―一五三二年一四回、一五三二年四四回、一五三二年二〇回、一五三三年一五回、一五三四―一五三五年一回、一五三五年一四回、一五三六年一回、一五三七年四回、一五三八年一四回、一五三九年一回、一五三七―一五四〇年一五回、一五三八―一五四〇年一五回、一五四〇年三回、一五四一年一回、一五四四年七六回、一五四五年一一回、一五四六年四回です。

ルターが召命とその遂行について詳しく論じた著作は先ほど概観した「聖ヨハネの日の説教」（一五二二）です。ルターは各人の立場にとどまることの意義についてこう語ります。

「ほら、さて命令や召しのない者は誰もいないので、わざのない者もまた誰もいないし、人は正しく行なうことを望む。各人はさて自身の立場にとどまり、自分自身に気を配り、自身の命令を肝に銘じ、そしてその中において神に仕え、そして神の戒めを守ることに配慮すべきである[43]」。

神から命令と召命が示されたなら、人には必ず何らかのわざが付随します。このわざは各人の立場においてなすべき具体的な務めに見出されます。すると神の命令とは、その人の立場においてなす職務ということになります。この命令をまっとうすること、つまり各人のわざ、言い換えればその立場における使命を忠実に果たすとき、そのことが神に仕えること、神の戒めを守ることであるとルターは理解します。神に仕えるとは、各人が召されたその立場における使命、つまり職務を果たすことです。世俗の職業は神から与えられた使命であり、この職業をとおしていかにキリスト者は他者への奉仕をなすかが求められています。このような実践は単にわざを行なうことではなく、倫理的色彩を帯びています。自己の職業を忠実になすことは神意であり、神に対する応答です。

ルターは『キリスト者の状況の改善に関してドイツのキリスト者貴族に宛てて』（一五二〇）で、様々な世俗の職業を挙げ、これらの職業は他者に対して有益なものであるとし、積極的に世俗の職業を評価します。そしてこれらの職務やわざをなすことによって、他者を助け、奉仕するという隣人愛の考えを示します[44]。更に『キリスト者の自由』（一五二〇）でも「すなわちキリスト者は自分自身のうちに生きるのではなく、キリストと自分の隣人とにおいて生きる。すなわち、キリストにおいては信仰をとおして、隣人においては愛をとおして、生きるのである」と述べ[45]、神と隣人の両者に仕えることが福音、つまり信仰に出会うことの意味であると説いています。

このように召された職業をとおして隣人に奉仕するという視点は一五二〇年頃のルターに認められ、この発想は世俗の職業に倫理的性格を与える出発点です。

世俗的職業に道徳的重視の度合いや宗教的褒賞を強めたとするヴェーバーの見解には疑問を呈します。ヴェーバーが強調する程にルターは労働に対する道徳的重視の度合いや宗教的褒賞をいちじるしく強めたりはしていません。召命である各人の職務を、神から与えられた命令、使命として受け取り、しっかり果たす。その従順さを神はみておられる。宗教的褒賞については、ルターはあまり重視しません。更に摂理の信仰に基づく、神への無条件的服従と所与の環境への無条件的適応とを同一視したという点は、ルターの著作から窺い知ることができませんでした。

伝統主義について一言述べます。伝統主義とは、過去において継続されてきた営みや慣習を重視する思想ですが、ヴェーバーはルターが伝統主義を脱することがなかったことをことさら強調します。従来聖職者や修道士のみが与っていた召命を一般のキリスト者に付与し、世俗の職業に適用したことは伝統主義の克服以外の何ものでもありません。更に聖職、領主（官吏）、結婚していることの中世の三身分は聖職を頂点にヒエラルキーを形成していましたが、ルターはそれを無効にし、キリスト者は神の前にすべて平等であると説きました。(46)

(43)「聖ヨハネの日の説教」（一五二二）、WA. 10/I/1, 310. 大村眞澄「M・ルターの Das Euangelium an S. Johannis tag における Beruf 理解」『神学研究』第五二号、二〇〇五年、一三一―一三二頁。

(44)大村眞澄「M・ルター『キリスト者の状況の改善に関してドイツのキリスト者貴族に宛てて』（一五二〇）における Beruf 理解」『神学研究』第五四号、二〇〇七年、一六六―一六七頁。

(45)『キリスト者の自由』（一五二〇）、WA. 6, 409.

(46)金子晴勇は中世の三身分に関して、ルターは神の前ではすべての身分は同等であるとみなされたと理解しました。またヴェーバーの言う伝統主義への傾向はなく、むしろルターは中世的・伝統的秩序を打破したと述べています。金子晴勇他編『ルターを学ぶ人のために』世界思想社、二〇〇八年、一八三―一八八頁。筆者も金子の見解に同意します。

ルターはこの世を神が制定した神聖なもので、人間の側から批判するものでないという考えをもっていました。したがって各人の立場、身分、職業などは神の定めたものなので、素直に受け入れるのは当然のことであると説いたのです。キリスト者はひたすら自己の職業にいそしむべきである。こういった保守性をヴェーバーは伝統主義と判断したのではないかと考えます。「色あせて」は、以前はそうであったが、今は違うということをヴェーバーは言いますが、ルターの主張は一貫しており、神から与えられた使命という考えが後退したわけではありません。ルターの著作にその変化は認められません。(47)

二　ルターの Beruf 概念

以上検討してきたことを踏まえてルターの Beruf 概念を提示します。

まずルターは信仰や福音に基づいて召命をとらえ、信仰はすべてのキリスト者が与ることができ、そこには何ら区別がないことを召命にも当てはめ、聖職者と修道士に限定されていた召命をすべてのキリスト者に適用しました。

次に世俗的職業を積極的に評価し、それに宗教的意味を付加しました。ルターはすべてのキリスト者が霊的立場にあるので、当然彼らの職務は神に喜ばれる聖なる業であると判断しました。また、各人が召された立場においてなす職務によって、信仰が強化され、救いがより確かにされると説き、世俗の職業を高く評価しました。各人の職務を遂行することは、神がキリスト者に要求されていることです。この職務を果たしている従順さを神はご覧になって、各人の信仰の度合いを判断される。換言すれば、各人が召され、その立場においてなす職務を遂行することが信仰であるとルターは説き、召命と世俗の職務を関係づけ、職務を神聖化しました。そしてこの職務は愛から生じるわざであり、また隣人への奉仕であると位置づけました。こうして世俗の職業に倫理的性格を与えました。このような考えはルターによってはじめてもたらされたものです。世俗の立場や職務あるいは職業に宗教的意義を与えたことはルターの大きな功績です。

Beruf（beruff）という言葉はルターによって創案されました。またその意味も多様でした。ルターのBerufは内的召命（Berufung）と外的召命（Beruf）としての労働が一体となったものです。結論を言えば、ルターはBerufという言葉に職業という意味を与えませんでした。しかしあと一歩で職業という意味にたどり着くところまで来ていました。一つの言葉が誕生し、使われ、一定の意味や概念をもち、それが定着するには相当の時間を要します。ルターの一生涯ではとても時間が少なすぎて、ルター没後かなりの年月を費やしました。

もちろんルターの後、ルターと精神を同じくするルター派の聖書翻訳者たちの貢献は重要です。彼らのBeruf概念はルターと同一線上にあります。ヴェーバーの時代まではかろうじてBerufは宗教的な召命と職業とを併せ持つ言葉としてドイツ社会で使われていましたが、Berufという言葉は今日では職業という意味しか持たず、宗教的な召命の要素はありません。召命はBerufungという言葉に置き換わっています。このように言葉は絶えず変化にさらされています。

三　ヴェーバーのルター評価

「こうしてルッター派的な意味における『天職』»Beruf«の思想――ここで確認しておかねばならぬのはひとまずそれだけなのだが――だけでは、いずれにしろ、われわれが探求している点についてまだ問題が残

(47)　椎名重明は、ヴェーバーの「ルッターの場合……彼のいま一つの思想は伝統主義的な職業＝召命観によって色あせてしまった」との見解に否定的です。椎名重明著『プロテスタンティズムと資本主義』東京大学出版会、一九九六年、二三頁。

されたままだ。とはいっても、ルッター派的な形での宗教生活の変革が、われわれの考察しつつある対象にとって何らの実践的意味もなかったなどと言うのではない。まさにその反対だ。ただその実践的意味は、明らかに、ルッターおよびルッター派教会の世俗的職業に対する態度からは直接には導き出すことはできないし、また他のプロテスタンティズム諸派の場合ほどその特徴を把握しやすくはない」（『倫理』一二八頁）。

ルターは宗教原理と職業労働の結合を成し遂げ、世俗の職業を宗教的に意義あるものとしたことは画期的なことでした。しかし資本主義の精神との関係においては直接的な影響はありません。ルターが世俗の職業を是認したこと、そしてそれが神的に意義をもっているという視点は重要です。この一歩を踏み出さなければヴェーバーの所論へとはつながりません。ルターの貢献は大です。ルターに対するヴェーバーの期待が大き過ぎるので、資本主義の精神に関してヴェーバーのルターに対する評価は低いものとなっています。

ヴェーバーは論文の目的であるプロテスタンティズムの倫理と資本主義の精神との関係を追及する場合、ルター及びルター派の Beruf 概念からは直接的に導き出せないと判断しました。しかしルターの新しい職業観は大いに評価されてよいのです。事実ヴェーバーは、ルター及びルター派が行なった宗教生活の変革に対して最大の賛辞を贈っています。すなわち世俗の職業に宗教的意義や倫理的性格を与えたことです。ルターのこのような考えにより、キリスト者が一般の職務に励む拠り所となりました。ヴェーバーの関心は禁欲的プロテスタンティズムへと移っていきます。

第二章　ヴェーバー「倫理」論文とピューリタニズム

梅津順一

はじめに

ヴェーバーの「倫理」論文のテーマは、「プロテスタンティズムと近代社会の成立」に関わる点で、ヴェーバーのハイデルベルクの同僚トレルチの『近代社会の成立にとってのプロテスタンティズムの意義』(1)と共通します。しかし、トレルチ論文がキリスト教研究者の間で、一つの定説として受け入れられている一方、ヴェーバー「倫理」論文はいまなお多くの議論を巻き起こしています。(2)プロテスタント研究者にとって神学者トレルチの論考は、信頼をもって受け取られたのに対して、社会学者ヴェーバーの議論は、大胆で断定的でもあることから、さまざまな疑問、さらには不信を招いています。とくに、プロテスタンティズムに共感を持つ立場からすれば、ヴェー

(1)　エルンスト・トレルチ、深井智朗訳『近代世界の成立にとってのプロテスタンティズムの意義』(新教出版社、二〇一五年)。

(2)　ヴェーバー「倫理」論文をめぐる論争については、膨大な文献があるが、論争史の一整理として、やや古いが以下を参照。梅津順一『近代経済人の宗教的根源――ヴェーバー・バクスター・スミス』(みすず書房、一九八九年)第一章「ヴェーバー批判の歴史的根拠と理論的根拠」を参照。なお、梅津順一『ヴェーバーとピューリタニズム――神と富との間』(新教出版社、二〇一〇年)「本書の課題」では、最近の動向について、若干触れている。なお、本論は、この『ヴェーバーとピューリタニズム』の抄論という性格を持つので、詳しくは本書を参照いただければ幸いです。

バーは宗教倫理と経済事象とを直接的に結び付けている印象があり、その意味でも反感を招いているかも知れません。

しかし、そこにはヴェーバーへの誤解もありました。ヴェーバーの論題は「プロテスタンティズムの倫理と資本主義の精神」ですが、ごく単純に「プロテスタンティズムと資本主義」と理解され、しばしばプロテスタンティズムが資本主義を生み出したと主張していると受け取られているからです。[3] しかし、それは適切ではありません。ヴェーバーは近代資本主義の重要な一構成要素として「資本主義の精神」に注目し、その「資本主義の精神」が「プロテスタンティズムの倫理」に由来することを問題としているのです。ヴェーバーは、「資本主義の精神」を、ベンジャミン・フランクリンの倫理的指針によって例示しています。すなわち、フランクリンは、勤勉、節約、正直といった倫理的態度を重視したのですが、そうした倫理的生活態度は合理的経営を基軸とする近代資本主義の内面的支え、すなわち「資本主義の精神」となったと考えたからです。[4]

ヴェーバーはフランクリンが、「天職義務の思想」を前提としていることに注目しました。ヴェーバーは、「天職義務の思想」、使命として職業労働に従事する思想は、プロテスタント文化圏に特有のものであり、聖書の自国語訳から確認できると考えました。すなわち、ドイツの宗教改革者ルターたちは、世俗的職業と神の召命を意味する別個の二つの言葉を、一つの言葉 Beruf と訳しており、それと同様のことが英訳聖書の calling に指摘できると考えたのです。[5] ここから、フランクリンに見る「資本主義の精神」の由来を「プロテスタンティズムの倫理」に求めるという問題設定が可能となったわけです。

その上で、ヴェーバーはさらに問題を限定して、ここでいう「プロテスタンティズムの倫理」は、プロテスタンティズム一般ではなく、禁欲的プロテスタンティズムに限られるとも明言しています。ルター派は「天職義務の思想」への道を拓いたのですが、積極的に職業義務の思想を追求することはなかった、というのです。

「ルターの場合、天職概念は結局伝統主義を脱するには至らなかった。世俗的職業なるものは神の導きとして人が甘受し、これに『順応する』べきものであって、――こうした色調のかげにかくれて、職業労働は神から与えられた使命、いなむしろ使命そのものだとする彼のいま一つの思想は色あせてしまった(6)」。

ヴェーバーが禁欲的プロテスタンティズムと呼ぶのは、「一、カルヴィニズム、とくに十七世紀に西ヨーロッパの主要な伝播地域で取った形態。二、敬虔派。三、メソジスト派。四、洗礼派運動から発生した諸信団(7)」の四つの流れです。時期的には、一六世紀初頭に宗教改革運動が開始されてから、各地に伝播しつつあった一七、一八世紀の状況が想定されています。それぞれの流れも完全に独立した運動ではなく、相互に関連しあっていて、敬虔派とカルヴィニズム、ルター派との関係も複雑であり、カルヴィニズムと洗礼派、カルヴィニズムとイギリス国教会との関係も、水と油というのではなく、相互に影響しあっていると想定されています。

本章の主題であるピューリタニズムについて、ヴェーバーはこう述べています。

(3) したがって、ヴェーバーに対する宗教的批判の多くは、宗教倫理がいわば「反資本主義的性格」を持つことを強調している。上記、『近代経済人の宗教的根源』三六頁以下参照。

(4) ヴェーバー「倫理」論文を読み解くには、ヴェーバーの論理構成を正確にたどらなければならない。ヴェーバーの近代資本主義と「資本主義の精神」のとらえ方については、大塚久雄の古典的論文、「マックス・ヴェーバーにおける資本主義の精神」を参照。『大塚久雄著作集』第八巻（岩波書店、一九六九年）所収。

(5) なお、最近羽入辰郎は、ルターらの訳語は、**Beruf** ではなく、**Ruf** であったとして、ヴェーバーを批判しているが、私はこれは大きな問題ではないと考えている。「羽入辰郎教授のマックス・ヴェーバー告発について――『マックス・ヴェーバーの犯罪』を読む」、前掲『ヴェーバーとピューリタニズム』四三三頁以下参照。

(6) 「倫理」一二二頁。

(7) 「倫理」一三八頁。

「オランダおよびイギリスにおける禁欲的傾向をもった宗教上の諸運動で、教会制度上の綱領や教理の差異を問わない。したがって、独立派、組合教会〔会衆〕派、バプティスト派、メノナイト派およびクエイカー派を含む(8)」。

ここで注目すべきことは、ヴェーバーがピューリタニズムを綱領や教理に対応した特定の教派とは位置付けていないことです。確かに、ピューリタンはしばしばアングリカンと対比されますが、ピューリタンはアングリカンすなわちイギリス国教会に対立して存在した独自な教派であったわけではありません。むしろ、イギリス革命前のピューリタニズムは、国教会内部の反体制派というべき存在でした。ピューリタンは国教会体制の内部で、徹底した宗教改革を求める運動であり、そこにヴェーバーは禁欲的プロテスタンティズムの典型を見たのでした。

一　ヴェーバーにおけるピューリタニズム

一六、一七世紀のイギリス史研究において、ピューリタニズムはそれ自身大きな関心を呼ぶ重要な対象です。イギリスの一七世紀半ばのイギリス革命は、しばしばピューリタン革命とも呼ばれますし、内戦以前に国教会の宗教的弾圧を逃れて新大陸アメリカ、ニューイングランドに渡った人々の実践は、「ピューリタンの実験」とも呼ばれています。イギリス革命は、国王派と議会派の対立が基本ですが、その対立にはアングリカンとピューリタンが対応し、議会派は革命の進行とともに、下院議員と議会軍指導者、議会軍も軍指導部と兵士と分極化し、それぞれが宗教的党派、宗教政策の相違に応じて、長老派、独立派（会衆派）、水平派ないしバプテスト派、クエイカーと分出していきました。この反国教会の人々は、王政復古期には一部は国教会に信従し、一部は信従を拒否してノン・コンフォーミスト（非信従派、非国教徒）となり、名誉革命後に宗教的寛容が認められるなかで、

非国教徒諸派を形成していったのでした。(9)

ヴェーバーは「倫理」論文では、ピューリタンの代表的指導者として、リチャード・バクスターを取り上げています。(10)バクスターは一六一五年に生まれ、村人のお祭り騒ぎに加わらなかったことから、ピューリタンとあざけられた父を持ち、一五歳のころピューリタン牧師シッブズの著作『傷ついた葦』(11)を読んで回心しています。彼はウィックステッド牧師の個人的な指導を受けて聖職者への道を歩む訓練を受け、下級司祭を経験したのち、シュロプシャーの織物町キダーミンスターの説教師となります。説教師というのは正式の司祭ではなく、説教をはじめ霊的指導を渇望する信徒のために設定された職務でした。市民革命期に、バクスターは一時議会軍の従軍牧師となりますが、健康を害して軍隊を離れ、その後キダーミンスターで事実上の主任牧師として活動し、顕著な成功を収めて広く知られるようになりました。

バクスターは議会派が主導したウェストミンスター宗教会議をおおむね支持していますが、彼の立場は監督派(国教会)と長老派と会衆派の間の一致を求めることにありました。オリヴァー・クロムウェル死後の混乱の中で、バクスターは王政復古を支持し、一時王室付きチャプレンとなり、主教職への就任も打診されていますが、それを断り、非国教徒となりキダーミンスター教会を離れました。その後は、バクスターはペンを手に取り数多くの

(8)「倫理」一四二頁。
(9)ピューリタニズムの簡潔な特徴については、梅津『ヴェーバーとピューリタニズム』第二章「ピューリタニズムの世界」を参照。ピューリタニズムの研究文献も数多いが、英文の研究案内として、John Coffey and Paul C. H. Lim (eds.), *The Cambridge Companion to Puritanism* (Cambridge, 2008) を参照。
(10)バクスターの生涯と実践については、梅津順一『ピューリタン牧師バクスター――教会改革と社会形成』(教文館、二〇〇五年)。ここには、バクスターの重要な著書の抄訳と文献案内も付してあります。今関恒夫『ピューリタニズムと近代市民社会――リチャード・バクスター研究』(みすず書房、一九八九年)参照。
(11) Richard Sibbes, *The Bruised Reede and Smoaking Flax* (London, 1630).

信仰指導書を刊行し、書物を通して影響を及ぼすことになったのです。それらの著作は、ピューリタニズムの実践の記録として注目されています。

ヴェーバーが「倫理」論文で取り上げた著作は、バクスターの主著である『永遠の聖徒の憩い』[12]と『キリスト教指針』[13]ですが、この点について故越智武臣教授の批判があります。越智教授はとくに『永遠の聖徒の憩い』について、議会軍の従軍牧師の時代に病に倒れ、彼自身が消耗して死を意識して着想されたものだから、禁欲的生活とは対極的な神秘的瞑想を示唆するものだというのです[14]。確かに、この書物が書き始められた背景はその通りですが、キダーミンスターの教会で説教として語られたものでした。この書物の第一部は、「神の民には永遠の憩いが残されていること」すなわち、死後の救い、永遠の憩いについて語られ、第二部では、「われわれの憩いは、真実で確実な将来であることの論証」すなわち、神学的論証であり、第三部は、「この憩いの教理の応用」として、天に心を向けて歩むことが指針され、第四部では「天に心を向けること、その心を維持するための指針」が続いています。このようにバクスターが心を向ける「永遠の憩い」は、単なる神秘的な瞑想ではなく、天国を目指しつつ日々歩むこと、そうした日常的な実践のための勧告が語られているのです。

越智教授は『キリスト教指針』についても、王政復古の下でバクスターが教会指導から離れた時期に記されたものであり、民衆生活への影響が期待できない時期のものであったと示唆しています[15]。しかし、『キリスト教指針』はむしろキダーミンスターでのバクスターの活動の記録であり、ここに見られる指導がキダーミンスター教会の成功を導いたものでした。しかも、この『キリスト教指針』はピューリタニズムの実践指導書として、いわゆるピューリタン・カズイストリーの系譜の中で、もっとも体系的でかつ最大の分量を誇るものです。ピューリタン・カズイストリーとは、Cases of Conscience とも呼ばれるように、良心問題の指導書であり、ピューリタン指導者たちが、信徒たちの日常生活に即して、具体的に良心的な問題解決を促したものなのです。ここにはピューリタニズムがさまざまな日常的な問題にどのような指導を与えたのか、ピューリタニズムの実践指導の集大成

があるのです。(16)

二　ピューリタニズムにおける「禁欲倫理」

ヴェーバーの「倫理」論文の本論ともいうべき第二章「禁欲的プロテスタンティズムの天職倫理」は、第一節「世俗内的禁欲の宗教的諸基盤」、第二節「禁欲と資本主義精神」に分けられます。ヴェーバーは第一節で、「禁欲倫理」がどのようなものかを、いわば発生史的に分析し、その上で第二節では、「禁欲倫理」と「資本主義の精神」との内的関連を検討しています。したがって、ここでもまずピューリタニズムにおける「禁欲倫理」の特徴を探ってみることにします。ヴェーバーの「倫理」論文第二章、第一節で、ヴェーバーは最初にカルヴァン主義の「予定の教理」を取り上げています。永遠の昔から、ある人は救いへ、ある人は滅びへと、決定されていると説く二重予定説は、救いを求める人々に大きな衝撃を与え、自らの救いへの予定を確認したいとする、「救いの確証」の動機を与えたというのです。では、人々はどのようにして自らが「恩恵の地位」にあることを確認したかといえば、自らの行動を審査することでした。

(12)　Richard Baxter, *The Saints' Everlasting Rest* (London, 1650)
(13)　Richard Baxter, *A Christian Directory* (London, 1673), 以下では *CD* と略す。本稿では、次のリプリント版から引用する。Soli Deo Gloria Publications, Fifth Printing, 1996.
(14)　越智武臣『近代英国の起源』(ミネルヴァ書房、一九六六年)、四〇八頁。
(15)　前掲書、四〇九頁以下。
(16)　ピューリタン決疑論については、梅津順一「ピューリタン決疑論と契約神学――パーキンズ、エイムズ、バクスター」参照、近藤勝彦他編『歴史と神学』下（聖学院大学出版会、二〇〇六年）所収。

「信仰は救いの確かさの確実な基礎として役立ちうるには、客観的な働きによって確証されねばならない。……もし進んで改革派の信徒に、それではどのような成果によって真の信仰を確実に識別できるのかと問うなら、……それは神の栄光を増すために役立つようなキリスト者のいきざまだ、と。……とりわけ自分の霊魂の状態を、聖書に記されている選ばれた人々、たとえば族長たちのそれと比較することによって、自分が救われているかどうかを審査することができる[17]」。

ここには、信徒たちが自己の救いへの関心から、自分が救いにふさわしい生活を行っているか否か、自己点検しつつ生きたことが指摘されています。では、バクスターの指導する信徒たちへの実践指針は、ヴェーバーのいう禁欲的生活態度の形成として理解できるでしょうか。

（二）「自己審査」

そこで注目されるのは、バクスターの『キリスト教指針』が、「自己審査」の章すなわち第四部、第三十四章「自己判断に関する諸問題と指針」によって結ばれていることです。ここで自己審査は自己判断とも呼ばれていますが、バクスターは「自己審査」の効用を次のように説明しています。

「一言でいえば、それ（自己審査）なしには、私たちは私たち自身を知らないからです。私たちは根拠のある慰めも、真実な悔い改めや屈辱も、キリストと恩恵の正しい評価、神の霊の働きを正しく知ることは出来ないのです。……神の摂理を正しく知ることはできず、われわれの義務を正しく知ることが出来ず、理性的に正直に安全に、安らいで生きることもできず、確かな平安のうちに苦難を忍び、死ぬこともできないのです[18]」。

では、「自己審査」はどのように行われるのか。バクスターの説明はこうです。

「指針一、あなたがたの心と生活とを絶えず観察するようにしなさい。あなた自身について、注意力を失ったり、無視したりしてはなりません。

反論。では、私は職業を怠り、何もしてはならないのでしょうか。

回答。自己観察は必ずしも、あなたに障害を与えるものではありません。職業と労働に従事する人は、誰でも何事をも適切に行うよう注意します。旅する人は転倒に気を付けますし、食事をしている人は、毒やのどを詰まらすことの無いように気をつけます。……そのように、キリスト者は心の状態に気を配るのです。

……

指針二、できる限り、光の中で生活しなさい。私は、判断力のある信仰深い牧師の下にいることや、理解力ある模範的なキリスト者の間にいることを勧めます。……

指針三、あなたに訓戒を与え、批判してくれる人を避けてはなりませんし、あなたに対する意見を無視してはなりません。……

指針六、あなたの自然の気質や性癖を理解し、あなたが自然にもっとも陥りがちな罪を犯していないか、注意しなさい。……

指針七、あなたの地位や職業、人間関係、仲間など、あなたの受けやすい誘惑がどのようなものかを、理解しなさい。……

(17)「倫理」一八四頁。

(18) *CD*, p. 901.

指針九、もっともありふれた危険な罪に陥らないように気をつけなさい。特に、不信仰と神への愛の不足、来るべき（永遠の）命への希望以上に、この世の希望を密かに求めること、自己中心、自尊心、肉的な欲求と幻想を官能的に楽しむこと、これらはもっともありふれた、根本的な、死を招く、呪うべき罪です[19]」。

このように「自己審査」とは、自己の日々の生活状態の点検なのです。ヴェーバーの指摘するように、それは「私たちが、再生された義とされる（救われた）身分にあるかどうかを知るための自己判断」でした。したがって、それには慎重な判断が求められました。一方では、「自信過剰で偏見をもって」自己を高く評価する場合があり、他方では、臆病のあまり、落ち着いて自分の良さを判断できない場合もあったからです。

第三節「指針三、あなたが義とされているか［救われているか—引用者］否かといった問題について、突然、準備のないままで自問し、自分を驚かすことがないようにしなさい。そうするときには、もっとも真剣な問いかけとして行いなさい。重要で困難な疑問は、良く研究された上での答えを求めます」。

「指針六、自己判断においては、人間の意志こそが重要であると覚えておきなさい。……

指針七、しかしまた、あなたの努力こそが、あなたの願望が真実であることを証しすることを覚えておきなさい。漠然と願望しているだけでは、意志を示すものとはいえません。

指針八、また、成功こそが、あなたの努力の誠実さを証しするものであるはずです[20]」。

このように、信徒が「自己判断」を通して、自分が義とされ、来るべき世における救いの確信を得ることは決して容易なことではありませんでした。したがって、バクスターは確信が得られないからといって、失望しないようにとの指針も与えていました。

「指針十九、この世であなたの確信が完全なものとなると期待してはなりません。というのは、すべての恩恵が完全となるまでは、その確信も完全ではありえないからです[21]」。

とすれば、多くの信徒は確信を求めつつも、不安な状態にさ迷わざるをえなくなるのだが、それに対するバクスターの指針は、恩恵を実践することであった。


「指針二十一、恩恵に気が付いたときには、恩恵を実践しなさい。怠惰な習慣は感得されることはありません。あなたが信じかつ悔悛していると自分自身感じるまで、信じ悔悛しなさい。あなたが自分自身神を信じていると感じるまで、神を愛しなさい。

指針二十二、確かに恩恵があると気付いた時には、恩恵を増加させるよう努めなさい。というのは、わずかな恩恵はほとんど感じられません。強固で大きな程度になって、明白になるのです。……

指針二十五、あなたが見出したものから励ましを受けて、いっそうの義務へと向かうようにしなさい。

……

指針二十六、あなたの悪い状態を見出して、正当な理由以上の悪い結論を導きださないようにしなさい。あなたが自分は義とされていない［救われていない］と見出したとしても、あなたがずっとそうであるわけ

(19) *CD*, p. 901.
(20) *CD*, p. 902.
(21) *CD*, p. 903.

ではありません。あなたが見つけた自分の病気や悲惨な状態を、治療不可能なものと考えてはなりません。……あなたが審査し判断するように求められているのは、絶望ではなく回復のためです。

指針二十七、現時点であなたが確信に到達できないときでも、あなたの誠実さの可能性と希望を低く評価してはなりません。あなたの特殊な恩恵の基礎である普遍的恩恵へとつながっていなさい。……

指針二十八、あなたの状態を審査するよりも、多くの時間をあなたの義務を行うことに費やしなさい。私が救われるとどのように知ることができますかと問うよりも、私が救われるために、何をすべきですかと問いなさい(22)」。

(二)「自己統御」

バクスターの指導する実践的生活は、このように自分自身の生活の自己点検、自分が救いを約束されているか否かの「自己審査」によって、営まれていました。「自己審査」は必ずしも「救いの確証」を与えるものではなかったのですが、救いにふさわしい実践へと促すものでした。その実践が禁欲的生活態度を意味することは、バクスターが個人の生活の課題として挙げる「自己統御」から知ることができます。すなわち、ヴェーバーはピューリタニズムの禁欲について、「無軌道な本能的享楽を根絶」すること、「一時的な感情に対して」「持続的動機」を固守し主張する能力を人間に与えること、「生活態度を秩序あるものとすること」などと説明していますが、「自己統御」はそうした禁欲的生活態度の特徴をよく示すのです。

『キリスト教指針』第一部「個人の義務」は、「自己統御」という課題の遂行として総括されています。第一部後半では、第六章「思考の統御」、第七章「感情の統御」、第八章「感覚の統御」、第九章「言葉の統御」、第十章「身体の統御」という一連の指針が展開されているからです。これらの章は、人々がそれぞれ与えられている人間的諸能力、思考、感情、感覚、言葉、身体を発揮する上で、それを神から与えた諸能力として捉え、それにふさわしく用いることが課題とされています。すなわち、感情であれ、感覚であれ、自然の衝動に流されずに、秩序づけること、そのような意味で「禁欲的生活」が課題とされているのです。

たとえば、第六章「感情の統御」(The Government of the Passions)で、バクスターはまず、「感情はそれ自身では罪ではない、というのは、神は私たちの感情を、神の奉仕に役立つために与えておられるからです」といいます。だから、感情を抑圧し、無感情の状態を目指すべきではない。しかし、感情の働きが次のような場合には、罪あるものと判断されました。

「一、感情が方向を間違い、誤った対象に向かうとき。二、理性を曇らせ、精神を惑わし、真理を排除し誤りに導くとき。三、感情が意志の統御に反抗し……善を選び行うで、障害となるとき。四、感情がその時にふさわしくないとき。五、不適切で過剰な程度であるとき。六、あまりに長く続くとき。七、悪しき結果を招くとき[23]」。

バクスターはこうした観点から、まず、一般的に感情は自然の赴くまま表出されてはならず、抑制され魂の支配のもとになければならないと指導しています。

「指針一、感情を適切に、習慣的に抑制し、感情に対して魂を強固にすることなしに、現在の実際的な抵抗に信頼してはなりません。あなたの精神と生活が神聖に組織されているように注意しなさい。そうすれば

(22) *CD*, p. 903.
(23) *CD*, p. 273.

罪的な感情は離れ落ちていくでしょう。……

指針二、より具体的に言えば、あなたの魂を神の恐れで満たし、神の家族の中で、神の眼差しと統御の下で生活しなさい。そうすれば神の権威が誘惑よりも強力になるでしょう。……

指針三、神の喜ばしい愛と、キリストにおける神の愛の素晴らしさを想いつつ生活し、神のやさしい愛を想いおこし……あなたの会話を天にある者との神聖なものとし、あなたの業を神への感謝と讃美としなさい。そうすればあなたの魂は甘美で豊潤で安定したものとなり、罪深い感情に抵抗するでしょう。

指針四、あなたの良心を絶えず繊細なものとしなさい。そうすれば、罪的な感情が最初に現れたときに抑制するでしょう。……

指針五、知恵と理性の力と堅固な判断力を求めなさい。というのは、感情は愚かなことで生じるからです。子供たちは簡単に感情に振り回され、木の葉は少しの風で振り落とされます。……

指針六、意志を堅固で、断固としたものとしなさい。そうすれば意志は感情に命じて落ち着かせるでしょう。……[24]」。


こうして、バクスターは、激しがちな感情を理性と意思でコントロールすること、そのためには神を身近に感じ、聖書の関連箇所を参照すること、キリストを模範とすることも勧められました。このように「感情の統御」は、一面では激情に振り回されないことであり、他面では、適正な感情を涵養すること、神聖な感情によって、新しい人格を作り上げることでした。

「指針十九、あなたの感情をすべて適切な水路に流し込み、神聖なものとし、神のために用いなさい。これが本当の治癒です。感情の単なる抑制は、薬の服用で痛みを抑えるような、一時的な治癒に過ぎません。

人間への恐れは、神への恐れによって、被造物への愛は、神への愛によって、身体への配慮は魂への配慮によって、この世的な肉的な願望や楽しみは、霊的な願望や楽しみによって、この世的な悲しみは有益な神聖な悲しみによって癒しなさい[25]」。

（三）「身体の統御」と職業労働

ところで、ヴェーバーは禁欲的生活の実践において職業労働が重要な意味をもつことを指摘していましたが、バクスターも「自己統御」の最後に「身体の統御」の章を置いて、具体的には職業労働を取り上げています。最初にバクスターは、すべての人にとって「労働の生活」が必要であるといいます。すなわち「幼児や病人、頭がおかしい人など労働ができない人、囚人など行動を制約されている人、老齢の人などは除いて、労働できるすべての人は労働することが必要です[26]」。別に言えば、宗教的義務に専念するとか、富裕だからとかいう理由で、労働義務から逃れることはできないとしています。

では、なぜ労働が必要なのでしょうか。第一の理由は、聖書に記されていること。「一、神が厳格にすべてのものに、労働を命じておられるからである。この命令はわれわれにとって十分な理由です。二テサロニケ三章一〇―一二」。第二の理由は、神が支配される自然の秩序が、労働を命じていることです。「二、自然に従えば、行為はわれわれの能力の目的です。能力は行為に向かわなければ空しいものです」。バクスターはさらに労働は、人間の自然の目的だけでなく、道徳的目的、したがって社会的な目的であると付け加えています。

（24）*CD*, pp. 273, 274.
（25）*CD*, p. 375.
（26）*CD*, p. 901.

「二、神が私たちと私たちの能力を維持しておられるのは、行為のためです。労働は私たちの能力の、自然の目的であり、道徳的目的です。われわれが命じられているのは、能力による行為です。四、活動によってこそ、神がもっとも崇められるのです。善きことを為しうるというのではなく、それを為すことが重要なのです。……五、公共の福祉、すなわち、多数者の益が、自分自身の益よりも評価されなければなりません。それ故、すべてのものは他者に対して、とくに教会と国家（コモンウェルス）のためになしうるすべてのことを為す義務があります。それは怠惰ではなく労働によってなされます[27]」。

興味深いことにバクスターは、人間は社会的被造物であり、各人が労働に従事しながら協力しあって生きることを、ミツバチの巣造りの例を通して描きだしています。

「ミツバチが群がって巣をつくるために働くように、社会的被造物である人間は、彼がそこに属し自分自身の益がその一部として含まれている社会の益のために労働しなければなりません[28]」。

このようにバクスターは人間の労働義務を、聖書における神の命令であり、創造の秩序にふさわしい義務として位置付け、人々は労働を通して神の命令に従い、互いに助け合うもの考えたのです。このような意味を持つ労働、具体的には職業労働は、「身体の統御」すなわち身体的能力を適正に維持することと位置付けています。しかも、この身体的活動には、精神的活動も含まれています。

「六、労働は精神的能力の維持のために必要です。（一）精神の労働は、使用されない能力が腐食することがないように必要です。使用されない鉄が錆びるのと同じです。怠惰は人間を愚鈍にしますし、持っている僅かな能力を台無しにします。(二)精神は身体に依存しており、精神活動は身体の調子と性質に影響されることから、身体の運動は通常必要です。……
七、労働はわれわれの健康と生命のために必要です。身体それ自身は労働なしでは、すぐに致命的な病気にかかってしまいます。節制に次いで、労働は健康を維持させる主なものです。労働は生命の火のための適切なフイゴなのです[29]」。

ということは、人々は職業労働に従事することにより、身心を健全に保つことができるのであり、労働により「身体の統御」を行い、「自己統御」を果たすことができると考えられたのでした。このように、「自己統御」を行う上で、「身体の統御」すなわち職業労働は基軸的な意味をもつものでした。逆に言えば、怠惰や無精で労働を怠ることは、身心の能力を損ない、また神への義務の遂行に後ろ向きに生きることを意味したのです。ヴェーバーの用語法でいえば、「日常の秩序ある仕事」である職業労働によって、禁欲的生活を軌道に乗せることができたのです。

他方、禁欲的生活は一連の時間の使い方として描き出すことができました。バクスターは『キリスト教指針』で、時間の適切な使い方を主題とする第一部第五章の第四節では、時間盗人、すなわち時間の浪費について注意を促しています。

「盗人一、最大の時間浪費の罪は、怠惰ないし不精です。不精なものには時間は過ぎ去り、仕事は終わら

(27) *CD*, p. 376.
(28) *CD*, p. 376.
(29) *CD*, p. 376.

す。

ず、時間を適切に使う必要との声を聞きますが、それに取り組む心はありません。義務がなされなければならないと確信しても、なお、それを遅らせ、先延ばしにして、明日、あるいは将来やることにするといいます。

盗人二、二番目の時間浪費は、長すぎる睡眠です。貧しい人たちは必要に迫られて寝てはいられませんが、富んだ人の多くはそうではありません。では、どの程度が睡眠過多かと問われれば、私は健康と仕事にとって必要な睡眠時間以上の時間ですとお答えします。

盗人三、次の時間浪費は、身体を過剰に飾ることです。貧しい人々は、この種の誘惑から逃れていることを神に感謝することができます。彼らは素早く着衣し、仕事に取り掛かります。しかし、多くの淑女や紳士はそうではありません。……洗顔、ピン、着衣、髪の手入れ、肌の手入れ、お化粧に、午前中十時、十一時まで費やしますが、もっと大事な時間の使い方はないのでしょうか。

盗人四、もう一つ別の時間浪費は、従者や取り巻き、家具、設備、もてなしなどで、華美や珍奇を求めることです。これに過度なお世辞や式典、時間浪費者たちの気分や式典に付き合うことが加わります。

盗人五、次の時間浪費は、不必要な長々と続く祝宴、食欲、飲み会です。……私は適正な、時間を守る、愛に満ちた食事会を批判しているのではありません。

盗人六、次の時間浪費は、無駄話です。なんと多くの貴重な時間が、そこで浪費されていることでしょう。

盗人七、無駄話であなたの時間を盗み取るものは、空虚で罪深い仲間です。……

盗人八、別の悪名高い時間浪費は、不必要で過剰なスポーツやゲームです。……その種のものとして、トランプ、サイコロ、観劇、ダンス、お祭り騒ぎ、それに狩猟、鷹狩り、玉転がしなどのスポーツを過剰に行うことです。

盗人九、別の時間浪費は、この世の煩いにかまけること、仕事を過剰に行うことです。

盗人十、別の時間浪費は、統御されていない空しい罪深い思考です。空しい業やスポーツに飽きても、飽きずに空しく思考し続けることがあります。空しい会話やゲームの仲間がいないときにも、……怠惰な、色欲の、貪欲な思考にうつつを抜かし、時間を浪費することがあります。

盗人十一、別の危険な時間浪費の罪は、空虚な本、劇作、恋愛もの、作り物の歴史を読みふけることです。

盗人十二、人々から時間を奪う、主な盗人は、聖化されていない不敬虔な心です。というのは、この心が、人間が何をするにせよ、時間を失わせるのです。なぜなら、彼らは決して真実に神の栄光を求めていないからです。……それ故、新しい神聖な心、天に向かう意志と人生の計画をもつ心が、時間を適切に使用するすべての人々に必要な大事なものなのです(30)」。


ここには、禁欲的生活とは正反対の、警戒し回避すべき生活が描きだされているが、分かりやすく言えば、職業義務から離れた生活であり、衝動的な力に身を委ねることでした。

三 「禁欲倫理」と「資本主義の精神」のあいだ

(一) 職業労働

以上みた、労働を基軸とする「自己統御」、禁欲的生活態度は、他面では、その人の経済生活、職業労働によって生活を維持することを意味しました。すなわち、特定の職業に従事し、製造業であれば製品を市場で販売し、

(30) *CD*, pp. 242-245.

売り上げ代金で職業生活を維持・継続させるとともに、一家の消費生活を賄ったわけです。では、その世俗的職業労働はどのような特徴をもつものであったのか。ヴェーバーは、ピューリタンの世俗的職業労働が、「独自の市民的な職業のエートス」を生み出したと考えるのですが、それはバクスターの実践的な生活指針から読み取ることができるでしょうか。

『キリスト教指針』第一部「個人の義務」第十章「身体の統御」の指針二で、バクスターは「日常の定着した労働」すなわち職業労働が必要である理由を、次のように説明しています。

「職業労働を離れては、人間の労働は、その場次第で持続性がなくなり、それだけ、怠惰に過ごすことになります。二、人間は慣れた労働で、もっとも熟練します。三、道具や必需品の面で、もっともよく準備できます。四、したがって、ほかの仕事ではなく慣れた仕事でよりよく働き、労働の目的を達成できます。五、また、より容易に働きます。……六、また、他の人が混乱するところで、秩序だって働くことができます。それ故、すべての人にとって、特定の職業、生涯の仕事が、最善なのです[31]」。

ここでは一人一人が定着した職業を持つ重要性を、経済的な効率の観点から評価しています。労働の持続性は、熟練をもたらし、生産設備を整え、より効率よく労働に従事できると評価しているのです。また、具体的にどのような職業に従事するのが望ましいのか、という疑問について、バクスターは次の三つの基準を挙げています。この部分は、ヴェーバー自身が「倫理」論文で引用しているのですが、とくに最後に「職業の利益」という基準が注目されます。

「指針六、あなた自身それに子供たちの職業の選択の際に、第一に考慮すべき主要なことは、神への奉仕であり、公共の益です。したがって、公共の益をもっとももたらす職業が好まれなければなりません。公共の益にもっとも役立つ職業は、治世官、牧師、教会と学校の教師、医者、法律家、それに農民（耕作者、牧畜業者、牧羊家）です。その次に、船員、織物業者、本屋、仕立屋、その他、人類にとってもっとも必要なことに従事する職業です。あまり必要でない事柄に従事する職業があります。正直な人にとって、自分ができる最大の益を行う生活をすることは、大きな満足です。ほとんど、他者に無益なことに人生を費やすことは、そこで富裕になったとしても、牢獄や不幸に繋がれているようなものです。……

指針八、可能であれば、身体を行使する労働に従事する際に、精神を神聖で高貴な働きを行う時間を奪うことのないものを選びなさい。精神を行使する労働に従事する際には、身体のために運動することができるものを選びなさい。……（織物業者、仕立屋などの）貧しい労働者は、手を用いて働きながら、労働を阻害することなく、天的な事柄について思いめぐらし、また語り合うことができます。……

指針九、第三に（公共の益と個人的な魂の益と身体的健康に次いで）あなたの職業の利益を考慮することは、合法的でもあり、適切でもあります。富裕になるために労働してはならない。箴言（旧約聖書）二三章四節。と言われていますが、その意味は、富を主要な目的としてはならないということです。肉的目的のための富は、究極的なものとして、意図され追求されてはなりません。しかし、より高次の事柄に従属させるのであれば、できるのです。すなわち、あなたは、あなたの成功と合法的利得を最大限もたらすやりかたで、労働することができます。あなたは、あなたの主人の能力を改善する義務があります。そこでは、あなたの目的はこうです。あなたは神に役立つようによりよく備えられており、その備えられているもので、より多くの益を行うことができます。もしも、神があなたに、他の方法よりもより多くを合法的に得る（あなたやほか

(31)　*CD*, pp. 376, 377.

の人々の魂を害することなしに）方法を示したとして、あなたがそれを拒み、利得の少ない方を選ぶとすれば、あなたはあなたの職業の目的の一つを拒み、神の僕となること、神の贈物を受けること、神が求めるときに、神のために用いることを拒むことです。あなたは、肉的なもの、罪のためではなくて、神のために富裕になるように労働することができるのです(32)」。

ここでは職業選択に当たって、神の命じた召命（使命）を果たすこと、神から与えられている心身の能力を適切に生かし、公共の益として他者の必要に応えることが求められた上で、職業上の「成功と合法的利得」という経済的基準が挙げられている。前二つの基準を前提としながら、現実的な職業上の利益を追求することが是認されているのです。ヴェーバーのいうように、ピューリタンは「この世の利益」の追求を否定したのですが、ここでいう「合法的な利得」は積極的に追求したのです。もっとも、それ自身を第一とすることは警戒されていました。というのは、利益追求が魂にとって危険となる場合は適切な職業とはいえなかったし、逆に、利得の上がらない貧しい職業も意味がある場合があったからです。

「指針五……ワイン販売やビール販売は、合法的で必要でもあります。しかし、自分の魂を愛する人は、糧を得る他の安全な方法があれば、関わるべきではありません。それらの仕事は真面目な人々を相手に儲けるのではなく、利得は人々の罪に多く依存しています。それらに従事することは、絶えず誘惑となります(33)」。

「指針十二、もしあなたが、ひどく貧しい労苦の多い職業に召されたとしても、体がひどく疲れるからと、物欲からそれに不平を漏らしてはなりません。また、神がその仕事とあなたを低く評価すると考えてはなりません。元気を出して従事し、それを喜びとし、それが社会的に評価の低い事柄に属するものであっても、そこで天の主人への奉仕を担いなさい[34]」。

（二）市場取引

バクスターがここで職業上の利得を合法的と考えた根拠を知るために、彼の市場取引に関する見解を見てみることにしよう。バクスターが市場取引に言及するのは、第四部第一九章「契約一般、とくに売買、賃借、貸与、利子などに関する指針」であり、ここでもバクスターの指針の原則は、厳密に倫理的なものであった。本章第一節「有害な取引および契約を避けるための一般的指針」は次のように開始されています。

「指針一、あなたの心に、正義（公正―引用者）の二つの重要な原則が、深く習慣として根づいていることを確認しなさい。それはあなたの隣人を真実に愛することと、あなた自身の否定です。一つの戒めでは、あなたの隣人をあなたと同じように愛することと呼ばれます。そこであなたは、侵害や虚偽に向かう気持ちから自由になり、また人々をそのような罪にいざなう誘惑の力から自由になるからです。……

指針二、こうした習慣をもつことで満足するのではなく、あなたが他者と取引するときにはいつも、この原則で行動するように確実に覚えておきなさい。信仰深い良心が、あなたに神の法を告げ、愛と自己否定を思い起こし、あなたがされたいように、行うよう促すようにしなさい[35]」。

（32） *CD*, p. 377. 「倫理」三一〇頁。
（33） *CD*, p. 377.
（34） *CD*, p. 378.
（35） *CD*, p. 827.

実際の取引では、この隣人愛と自己否定にもとづいて、次のような考慮が求められました。

「指針四、あなたの隣人の状態を正しく理解し、隣人の必要と利害をよく考えるようにしなさい。あなたはあなた自身が求めるものを知っていますが、あなたが取引する隣人の必要があなた自身のそれと同じく重要だとは考えません。その商品のために彼がどれだけ費用をかけたのか、労働した人の労苦はどれほどのものか。支払わなければならない賃料はどれほどか、家族は何人いるか。これらすべてが、あなたが取引しようとする金額で支払えるかどうか、考えなさい。……

指針五、あなたの利益以上に、公共の益を重視しなさい。共同体や多数者の損失によってあなたを富ませる、抑圧的な独占を手掛けたり、維持したりすることは合法的ではありません。

指針六、それ故、あなたが住んでいる地域の法律、あなたの職種それ自身とあなたが売買する物の価格に関する法律にとくに注意しなさい。法は、公共の益のために作成されています。公共の益は私人の利益よりも尊重されなければなりません。……

指針七、また、普段の評価、市場価格に特に配慮しなさい。市場価格がいつもわれわれの規則であるわけではありませんが、通常は市場価格での取引が望ましく、重要です(36)」。

このようにバクスターは隣人愛の取引を求めつつ、現実的には市場取引、市場価格の取引が望ましいと考えていました。市場価格の取引が倫理的な意味合いを持つことは、商品価値に関する次のような想定問答から知ることが出来ます。

「質問四、商品の価値はどのように判断されますか。

回答、一、法律が物の値段を設定するとき（たとえば、パンや飲料について）それは尊重されなければなりません。二、市場に行くのであれば、市場価格が多く遵守されなければなりません。三、平等な取引であれば、すなわち貧窮にある人との不平等な取引でないのであれば、あなたは自分の商品を、たとえ、普通の価格以上であったとしても、それのためにあなたが費やしただけ、すなわちあなたにとっての価値にしたがって、評価することができます。その場合には、相手が取引に応じるか、応じないか自由であることを確認しなさい。四、しかし、もし、あなたが売る物が、あなたや他の人にとってよりも、ある人にとって非常に望ましく、特別な価値がある場合でも、あなたはその人の利便性や欲求をあまりに利用するようなことをしてはなりません。平等で、公正で、正直な条件で取引し、相手を喜ばせることで満足しなさい。五、あなたの商品に、市場が気付かない秘密の価値があるのであれば（馬の取引がそうですが）、可能であれば、真実の価値にしたがって取引することは合法的です。しかし、自己の商品を相手が出せるだけ多くの価値があると考えるのは、誤った規則です[37]」。

このようにバクスターにとって、一面で倫理的な生活態度、禁欲的生活態度の基軸となる職業労働は、他面では、市場経済を前提とした職業経営という意味をもっていました。ピューリタン信徒たちは、自分が救われていることを確実にするため、「恩恵の確証」のために職業労働に従事したのですが、それは同時に職業労働を組織的合理的に遂行することであったのです。そうした職業労働を内面的に支える生活態度は、資本主義経済において、職業上の成功をもたらすものでした。その意味では、そのピューリタニズムの倫理的生活態度は資本主義経

(36) *CD*, p. 827.
(37) *CD*, p. 833.

済と適合的な「資本主義の精神」、資本主義経済を積極的に推進する「資本主義の精神」を準備するものだったのです。

（三）召命から職業へ——天職論から職業指導書へ

以上みたように、バクスターの『キリスト教指針』は、一面では神の意志を実現する使命としての職業労働、神への従順を意味する「自己統御」を支える職業労働を勧めるとともに、他面では、市場経済を前提とした経済生活としての職業労働を取り上げていました。職業労働は、主人であるキリストによき業を行うことであるとともに、より多く利得を追求する職業労働という二重の意味がありました。前者からすれば、禁欲倫理の基軸となる職業労働であり、後者からすれば、資本主義経済を積極的に推進する職業労働を意味したのです。ここから、自由な市場原則を形式的に守ることで満足し、自らの救いへの緊張感が抜け落ちていくとすれば、純然たる「資本主義の精神」が姿を現すことになるのです。

ピューリタンの実践指導書には、「使命としての職業労働」を主題とする「天職論」の系譜があります。初期ピューリタニズムの指導者ウィリアム・パーキンズの『天職論』[38]では、召命としての側面は「一般的天職」として語られ、職業としての側面は「特殊な天職」として位置づけられています。職業生活に即した指針としては、その「特殊な天職」すなわち、個々人の職業について、職業への就任、継続、そして終了に分けて、実践的な指導がなされています。また、ピューリタンの天職論として、王政復古期に刊行されたリチャード・スティールの『商工業者の天職』[39]も有名ですが、その構成はほぼパーキンズの天職論を踏襲し、一般的天職と特殊な天職が扱われていますが、その分量からすれば、世俗的な職業経営の遂行のための指導書の意味合いが強くなっています。

スティールは「慎慮」(Prudence)、「勤勉」(Diligence)、「正義」(Justice)、「真実」(Truth)、「自足」(Contentedness)、「敬虔」(Religiousness)を挙げて、日々の職業遂行に指針を与えています。たとえば、スティールは「慎慮」に基づく職業労働として、次のような指針を与えています。

「慎慮とは、職業に完全な洞察を持つことで、職業のあらゆる部分、合法的な技芸と方法を知ることです。……

徒弟時代によく学び、学識を改善しなければなりません。……技術について学び続けることを恥じてはなりません。……

(時間について)『天の下ではすべてのことに時があり、すべての目当てには時がある。伝道の書三章一節』。買うに時があり、売るのに時があります。慎慮ある人は適切な時を捉えます。……彼は知恵を尽くして公共を侵害することなく自分の正当な利益を得るために、売買の適切な時期を見逃さないようにします。

(場所について)商工業者は職業にとって、もっとも適切な場所がどこかをよく考えなければなりません(40)」。

また、スティールの次のような指針は、市況の変化への賢明な対応をも示唆するものでした。

「職業につきものの偶発的事柄に慎重に考慮すること。……慎慮ある人物はそうした場合、これこれの船舶が寄港すると、この国には何が起こり、この商品にはどのようなことが起こるか、また、それが生起する確率がどの程度かを考え、それに応じてできる限り最善の正直な利益が得られるように、自分の職務を取り扱います。……船員であれば、風の向きとか大きさ、それに嵐の到来を十分に推測し、賢明になり、それに

(38) William Perkins, *A Treatise of the Vocation, or Callings of Men*, in *The Works of William Perkins* (London, 1635).
(39) Richard Steele, *The Tradesman's Calling* (London, 1684).
(40) *Ibid*., p. 57.

応じて帆の上げ下げを調整します。それと同じく、商工業者は理性と経験と観察を正しく用いて、どのような出来事が起こり、どのような結果を生み出すかを注意深く考え、事業を拡大したり引き締めたりするのです[41]」。

スティールの『商工業者の天職』は、このような経営指針を含んでおり、純然たる職業指導書に近づいているのです。そのことは、ピューリタンの「使命としての職業労働」において、次第に召命よりも職業のウェイトが高まっていることを示唆しています。実際、この時期には、牧師たちが『織布工の手帳[42]』『キリスト者の天職――宗教を実業にすること』『神聖な職業ないし最良の商売』といった職業指導書を出版しており、この延長にダニエル・デフォーの『完全なイギリス商工業者論[43]』も位置付けることができるのです。こうした天職論から職業指導書が発生していることに、「禁欲倫理」から「資本主義の精神」への移行が見られるのです。

(四)「資本主義の精神」

ヴェーバーはベンジャミン・フランクリンの文章によって「資本主義の精神」を例示していました。すなわち、「若い職人への助言」から、「時間は貨幣だ」として、一刻も無駄にしない生き方、「信用は貨幣だ」として、信用のもつ経済的意味、「勤勉と質素」、「思慮深さと正直」という倫理的生活態度が、職業生活の成功をもたらすという忠告でした[44]。ヴェーバーのいう「資本主義の精神」とは、「倫理的な色彩をもつ生活の原則」であり、かつ職業生活を力強く作り上げる精神であったのです。先に述べましたように、ヴェーバーはフランクリンが「天職義務の思想」を前提にしていることを手掛かりに、「プロテスタンティズムの倫理」との関連に注目したのでした。ただし、ヴェーバー「倫理」論文では、フランクリンとピューリタニズムとの関りが具体的に分析されているわけではありません。

そこでここでは、フランクリンの自伝で有名な、「十三徳の樹立」[45]のエピソードを取り上げてみたい。若い日にフランクリンは道徳的完成に到達するという野心を抱き、実際に着手したという逸話です。フランクリンは必要な徳目を挙げて、それらを確実に身に付ければ、道徳的完成に到るであろうと考えたのでした。そこで列挙されたのが、「節制」「沈黙」「規律」「決断」「節約」「勤勉」「誠実」「正義」「中庸」「清潔」「平静」「純潔」「謙譲」という十三の徳目でした。フランクリンはこれらの徳を有効に身に付けるために、毎日、一つずつ修徳することに努めました。最初に、「節制」に取り組み、毎日夜寝る前に、この日の実践を振り返り、節制を実行することができたかどうか確かめたのです[46]。それを一週間続ける。

次の一週間は、第二の徳「沈黙」に取り掛かった。それをやはり一週間、日々点検して過ごした。その次は、「規律」、その次は「決断」というわけで、十三徳を一通り身に付けるのに十三週かかった。その十三週で完璧というまでには至らなかったので、それをまた最初から続けて、また十三週続ける。とすれば一年間に四回は続けられる。こうしてフランクリンは完璧とは言えないまでも、かなりの程度の「倫理的な生活態度」を身に付けることができたというのです[47]。ここには、ピューリタニズムの「自己審査」の方法が継承されていることが知られ

---

(41) *Ibid.*, p. 66.
(42) John Collins, *Weavers Pocket-Book: or Weaving Spiritualized* (London, 1675), Goerge Swinnock, *The Christian-mans Calling: or A Treatise of Making Religion ones Business* (London, 1662), Bartholomew Ashwood, *The Heavenly Trade, or the Best Merchandizing* (London, 1688).
(43) Daniel Defoe, *The Complete English Tradesman* (London, 1725).
(44) 『古典文庫フランクリン』(研究社、一九七五年)、九三頁。
(45) ベンジャミン・フランクリン、松本慎一・西川正身訳『フランクリン自伝』(岩波文庫、二〇一〇年改版)、一三三頁以下。
(46) 『自伝』一五九頁。
(47) 『自伝』一六二頁。

ます。ピューリタニズムの場合には、「恩恵の確証」のための「自己審査」であり、実践をより確実にするための「自己審査」でしたが、フランクリンの場合には、宗教的性格というよりは人間性の完成として、神への内的な献身よりは、倫理的行動様式として意識されていた。しかも、この「徳への道」は「富への道」でもあったのです。

フランクリンの十三徳の樹立の方法に、ピューリタンの「自己審査」からの宗教的意味の希薄化、いわば世俗化を見ることができます。『プロテスタンティズムの倫理と資本主義の精神』とは、『ピューリタンの「自己統御」とフランクリンの「十三徳」』と言い換えることができるのです。フランクリン自身は「十三徳」を特定の宗教とは関連づけていません。しかし、こうも述べています。「私の計画は宗教とまったく無関係というわけではなかったが、ある特定の宗派に特有の教義と言ったものは全然その痕跡もなかった。わたしはわざわざそれを避けたのである」[48]。この記述は、フランクリンがこの「徳への道」が宗教的背景を持つことを意識していたことを示唆しています。しかし、彼はそれを特定の教派との関係を避けて、プロテスタント・アメリカの市民宗教というべきものと位置付けたのでした。

おわりに

以上、ピューリタニズム研究、とくにリチャード・バクスターの実践指針を手掛かりに、ヴェーバーの「倫理」論文の読解を試みました。私のアプローチは、ヴェーバーのピューリタニズム理解の当否を検証するというよりも、ヴェーバーの主張がどのようにピューリタニズム文献によって裏付けられるかというものでした。いわば、ヴェーバーの立場に立って、ヴェーバーの視点からピューリタニズムの実践文献を読むもので、その結果はヴェーバーの立論は確かに裏付けられるというものです。ヴェーバーの「倫理」論文は、宗教的教理の理解や資料の取り扱いについて、さまざまな批判がありますが、ヴェーバーの読み方の大筋は根拠のあるもので、その解釈の道筋も十分裏付けられるのです。ピューリタニズムの「禁欲倫理」は、職業労働への専心として営まれ、世俗生活の内部に根付いていきますが、それは他面では、次第に「救いへの関心」が薄まり、「見える聖徒」の生活は、徐々に人間的な美徳として意識されるようになり、ひいては「成功哲学」として表現されるようになります。

ただし、ピューリタンにとって、「禁欲倫理」から「資本主義の精神」への道を進むことが真意であったわけではありません。むろん、ピューリタンの中には楽観的にその道を歩んだものもいたでしょうが、その世俗的成功がもたらす結果に不安を感じていたものもいたのです。バクスター自身がその一人であり、遺稿として残された彼の最後の著作が『貧しい農民の擁護』[49]でありました。バクスターは市場原則による地代の引き上げで没落しつつある小規模借地農を擁護しているのです。市場取引は自由で対等で公正な条件の下では、合法的なものとバクスターは考えていましたが、それが実質的に不平等に働く可能性があることに気付き、懸念していたのでした。バクスターの理想は、自律的な市場機構ではなく、「愛の共同体」というべきものでした。

「真実の愛が生き生きと躍動しているところでは、すべての人々が自発的に教会と貧民の必要に応え、自発的にすべてのものを共有したのです。共有の意味は、第一次的な権利の意味での共有ではなく、利用のための自発的提供による共有です。……その愛の共同体は、修道士の共同体と利己的な所有権への固執との間の本当の中間にあります[50]」。

---

(48)『自伝』一七〇頁。
(49) Richard Baxter, ed. By F. J. Powicke, *The Poor Husbandman's Advocate* (Manchester, 1926).
(50) Quated in William Lamont, *Puritanism and Historical Controversy* (London, 1996), p. 119.

ここでバクスターは富める者が、自発的に貧しい者を救済する社会、すなわち私有を絶対化しないで、その富が愛によって社会的に活用されることを理想と考えていました。その意味では、共有社会、愛の共同体の建設が望ましいと考えていたのです。ピューリタニズムの経済思想は、営利至上主義に反対であり、反資本主義的性格をもつのです。別に言えば、ピューリタニズムの倫理には、自律的な経済機構を内面的に支持する側面と、自律的市場機構を倫理的に統治する可能性、一種のキリスト教社会主義に向かう可能性もあったのです。したがって、「プロテスタンティズムの倫理」と「資本主義の精神」の関係は、連続面と共に、断絶面を含み、逆説的な因果関係というべきものであったのです。

第三章　ヴェーバーによるドイツ敬虔派の論述

猪刈由紀

はじめに

本章では、「倫理」論文の中で複数の宗派と禁欲的ゼクテが取り扱われる際に、ドイツ敬虔派がどのように位置づけられているのかをまず明確にしたいと思います。続いて、そのような論文の構成上の都合に起因する敬虔派の扱いによって捨象された、あるいは当時の研究水準に基づいていたことによって充分認識されるに至らなかったと思われる歴史的側面のいくつか取り上げて指摘します。とくに一九七〇年代以降進展した敬虔派研究の成果から、ヴェーバーの問題意識に直結する経済活動について、どのような応答がなされているのかを紹介し、そのうえで、なかでも筆者が関心を持っている救貧分野での敬虔派の活動に焦点を当てて、宗派的理念型というヴェーバーの視点がもたらす歴史学的アプローチの今後の可能性と展望について述べたいと思います。

一　「倫理」論文における敬虔派の位置

ドイツ敬虔派についてのヴェーバーの論述は、他の宗派に関する箇所に比べて事実誤認も少なく、この宗派が資史料的にも経験的にもヴェーバーには身近で、よく通じた領域であったことが推察されます。ヴェーバーが成長する過程でのバックグラウンドを考えても、[1] 両親の出身地ビーレフェルト、マックスが生まれたエアフルトなど、いずれも敬虔派の影響の強い地域であり、またユグノーの末裔で信仰熱心な母親や神学者の親族などを通じて一九世紀の覚醒運動の雰囲気を肌で感じてきたはずです。そうした感覚がヴェーバーの敬虔派の理念型形成にも影響しているということは、十分考慮される必要があることを述べておきたいと思います。「倫理」論文では、フィーリップ・ヤーコプ・シュペーナー、アウグスト・ヘルマン・フランケ、ニコラウス・ルードヴィッヒ・フォン・ツィンツェンドルフの三名の敬虔派指導者が主に取り上げられ、なかでもドイツ敬虔派の創始者とみなされるシュペーナーと、その後新しい方向へと道を開き独自の教団を創設したツィンツェンドルフの扱いが特に大きく、もっぱら両者の分析から敬虔派全体の特徴が抽出され、理念型が形成されたと理解できます。しかし、両者と同じくらい重要であるはずのフランケ、[2] あるいはまたとくに近年研究が進んでいる急進的分離グループ[3]についての扱いが少ないことは、敬虔派を研究する歴史家の目には、全体のバランスがあまりにも反映されていない偏りに映ります。特に敬虔派の分析箇所で顕著にみられるような、指導的な役割を果たした中心人物の思想と行動を主要な素材としてそこから宗派の特徴を抽出するという方法は後述するリッチュルによる敬虔派史へのいささか行き過ぎた依存を思わせ、人格崇拝の時代でもあった一九世紀的な研究手法との連続性とも受け取れます。「倫理」論文において、ヴェーバーが主要人物の分析のみに終始していたわけでないことは、特に本文並みに充実している注に至るまで、その考察を丁寧に追えば明らかですが、それでも一九六〇年、七〇年以降の社会史の発展を経た現在では、組織論や無名の敬虔派個人まで対象を広げた分析が求められるところです。もっとも、このような社会史の発展は、ビーレフェルト大学を中心にまさにヴェーバー社会学に学んだ歴史家たちが牽引したことを思えば、諸宗派のいわゆる社会史的分析はヴェーバー以降の世代の果たすべき課題と言うべきでしょう。なお、宗派における組織と人的結合の問題は、「倫理」論文ではたとえば一六七―一七〇頁にまたがる長い注に見られますが、同時期に書かれた「ゼクテ」論文のほうにむしろ詳しく、ヴェーバー自身そちらを参照せよと述べています。[4] しかし本稿では「倫理」論文を対象としたシンポジウムの枠組みを踏襲して、考察対象を「倫理」論文に絞ることにします。[5]

「倫理」論文で用いられた資史料について言えば、敬虔派についての論述はリッチュルの『敬虔主義の歴史（一八八〇—一八八六　全三巻）』に基づき、そのほか、ツィンツェンドルフについてはプリットの著作等を補完的に用いています。一次文献としてはシュペーナーの著作や書簡集、フランケ、ツィンツェンドルフの著作が典拠と

（1）マリアンネ・ヴェーバーによる評伝での記述を参照。マリアンネ・ヴェーバー『マックス・ヴェーバー』みすず書房、一九八七年。

（2）「ヴェーバーから大いになおざりにされたアウグスト・ヘルマン・フランケ（der von Weber stark vernachlässigte August Hermann Francke）」というレーマンの見解（一九七二年）は、敬虔派研究者の多くが共有するものだろう。Hartmut Lehmann, "Pietismus und Wirtschaft in Calw am Anfang des 18. Jahrhunderts," in: id., *Max Webers »Protestantische Ethik«*, Göttingen, 1996, S. 66-93, S. 69.

（3）Ryoko Mori, "The Conventicle Piety of the Radicals," in: Douglas H. Schantz (ed.), *A Companion to the German Pietism*, Brill, 2014, p. 201-224; Wolfgang Breul, Marcus Meier, Lothar Vogel (eds.), *Der Radikale Pietismus: Perspektiven der Forschung*, Göttingen, 2010. この論集にも寄稿しているこの分野の第一人者の研究は邦語でも読める。森涼子『敬虔者たちと「自意識」の覚醒——近世ドイツ宗教運動のミクロ・ヒストリア』現代書館、二〇〇六年。

（4）「倫理」二二三頁註1。「ゼクテ」論文とは（Max Weber, "Die protestantischen Sekten und der Geist des Kapitalismus," in: id., *Gesammelte Aufsätze zur Religionssoziologie. Bd. 1*, Tübingen 1920, S. 207-236.）、邦訳は「アメリカ合衆国における〝教会〟と〝ゼクテ〟——教会政治的、社会政治的な一つのスケッチ」梶山力訳、安藤英治編『プロテスタンティズムの倫理と資本主義の〈精神〉』未来社、一九九四年所収。

（5）社会論に関しては、一九一二年刊行のトレルチ「社会教説」をみよ、との指示がしばしば見られるとおりであり、ゼクテの教会論、社会教説を扱う場合には、「倫理」論文に加えて、ゼクテ論文とトレルチの「社会教説」を合わせて考察対象とすることが必須であろう。なお、トレルチの「社会教説」と自らの「倫理」論文との相違に関しては、ヴェーバーは大塚版序言を引用すれば、トレルチが「諸宗教の教義に一層の重点をおいているのに対して、私は実際生活に対するそれらの影響を問題としている」と記している。

され、とくに頻繁に引用されるのはシュペーナーの『神学的考察』です。[6]

では、「倫理」論文全体の論旨における敬虔派の位置づけとはどのようなものでしょうか。端的に言えば、資本主義の発展を準備する過程でのドイツの中途半端さを論拠づけることだと言えます。論文冒頭で事例が挙げられているように、資本主義の精神が発達したのはカルヴァン派の地域であることが議論の出発点です。ルターとルター派、カルヴァンとカルヴァン派の特徴が検討された後で、敬虔派からメソジスト、メノナイト派ら再洗礼派、クエイカーに至る禁欲的ゼクテの分析に入るのですが、敬虔派に下された評価は、ルター派が主流のドイツでは、ルター派内のゼクテである敬虔派がカルヴァン派に似た傾向を持ち、ある程度はカルヴァン派のような役目を果たしたが、つまるところ「ルター派」であったので、敬虔派によっては資本主義の精神は十分に育たなかった、ということです。すでにリッチュルが描いたように、イギリスのピューリタンの影響とともに、オランダ・カルヴァン派の敬虔派的運動の影響を受けながら、ドイツ敬虔派は形成されました。[7][8] しかしまた、ドイツ敬虔派の主要部分はルター派の運動であり、敬虔派内の急進的グループが実際にルター派領邦教会から離れた例を除けば、分離を巡る騒動や「独自集会」の平和的形成が各地で見られながらもルター派教会内にとどまったことは事実です。ルター派国教会という制度的枠組みのみならず、ゼクテとしての特質の点でも、ドイツ敬虔派はピューリタン的な積極性、行動主義、合理性を示しながらも、ルター派の感情的、内向的、受動的要素も見られるとヴェーバーは言います。そしてまさにこの両義性、不徹底、不安定さのゆえに、敬虔派はピューリタンの代わりとはなりえず、イギリス、アメリカにおけるような資本主義的精神の発達がドイツでは起こらなかったというのが、ヴェーバーの見立てです。

二　ヴェーバーの叙述と敬虔派の歴史的実像——両義性・矛盾

ヴェーバーが指摘する敬虔派特有のこの両義性は、教義と実践のレベルで具体的に確認する必要があります。そのためには、禁欲的ゼクテを構成する信条の根幹をなした救済論（神・彼岸との関係）と教会論（「見える教会」としてのこの世、国家・社会としての国教会との関係）に着目するのが適当でしょう。そうすると敬虔派とピューリタンの相違はどのように表れてくるでしょうか。救済については、敬虔派はオーソドックスなルター派と同じように信仰義認の立場に立っており、恩恵は喪失しうるとし、カルヴァン派の予定説には反対の立場でした。しかしいわゆる再生の思想を唱え、幼児洗礼、堅信のみでは形だけのキリスト者になるに過ぎず、真に悔い改めて神に赦された者こそが再生者だとされました。自己認識においても、また集会など仲間内では「生き様をつうじて」再生者と認識されるのであり、（ヴェーバーも書いている通り）フランケの自伝に典型が見られるような、日

(6) Albrecht Ritschl, *Geschichte des Pietismus in der lutherischen Kirche des 17. u. 18. Jahrhunderts. Vol. 2 & 3*, Bonn, 1884 & 1886; Herman Pitt, *Zinzendorfs Theologie*, 3 Bde., 1869-1874; Jakob Spener, *Theologische Bedencken*, I-III (1700, 1701, 1702, 1. Aufl.).　ヴェーバーの用いたのは大塚訳一六三頁註10によれば一七一二年の第三版とのことである。

(7) フリードリッヒ・ヴィルヘルム・グラーフらのいういわゆる「文化プロテスタント」としての暗黙の前提か、ドイツという場合、近代、すなわちヴェーバーの生きたドイツ帝国の前身が想定されていると考えられる。プロイセンを中心とし、プロテスタントが主要宗派であるドイツ語圏である。（カトリックである）オーストリアについての言及は少ない。文化プロテスタンティズムについてはフリードリッヒ・ヴィルヘルム・グラーフ『トレルチとドイツ文化プロテスタンティズム』深井智朗、安酸敏眞編訳、聖学院出版会、二〇〇〇年参照。

(8) ドイツ敬虔派のルーツは複数挙げられる。ピューリタンやオランダの敬虔派のほか、ルター以降のドイツ・ルター派の流れの中にも、そうしたドイツ語圏外の潮流を受け入れる土台となったアルントやアンドレエの系統がある。

時で特定できる具体的な再生の体験を持つべきだという考えも広まっていました。[9] ルター派教義に沿って、キリスト者の完全、聖化には生きている間には達しえないという見解をシュペーナーは述べていますが、一般の敬虔派信徒の間では、再生者とは完全に救われて罪から遠い者であるようにみなす傾向があり、その点で再生者はピューリタンが抱いていた聖者のイメージに類似しています。つまり神学者としてルター派教会の指導層に属したシュペーナー、フランケはルター派の正統教義から外れることを公には説かなくとも、日記や書簡など私的な言説を見れば、彼らの場合も、また特に一般敬虔派信徒の信仰と実践において、再生思想は独り歩きしており、その救済理解は事実上カルヴァン派的色彩を帯びていたといえると思われます。

他方でヴェーバーは、カルヴァン派とは違い、ルター派では告解制度が廃止されず、シュペーナーらの時代はまだ続いていたことで、カトリックと同様、敬虔派においても告解を通じて罪と赦しについての心理的切迫が緩くなり得たと述べています。しかし、敬虔派は告解制度をおおいに問題視し、ベルリンのある敬虔派牧師にいたっては自己の判断で告解をやめてしまい、シュペーナーらを巻き込んだ紛争へと発展しました。[10] おそらくこうした事実をヴェーバーは承知しており、「倫理」注一三八頁で敬虔派牧師が抱いていた告解への「疑念」について述べています。しかし「疑念」というのではあまりに過小評価であって、告解制度への抵抗がいかに大きかったかについて十分には言及されません。敬虔派にとって告解による罪の赦しは「疑念」にとどまるものではありませんでした。告解によって罪の赦しが得られるとは敬虔派は信じておらず、告解によって心理的な切迫から逃れえたとは言いがたいということ、告解への抵抗の大きさは、むしろ罪と赦しをそのようにとらえることが敬虔派にはいかに受け入れがたく、耐え難かったかを示しています。つまり、告解をめぐる紛争からは、告解がヴェーバーが解したように罪と赦しの心理的緊張からの抜け道として、（カトリックにおけるように）罪意識を消し去り緊張を緩和するよう心理的に機能していなかったと理解するほうが妥当です。ルター派領邦教会が維持した告解制度は、むしろ敬虔派を彼らの罪と赦しについての信条と国教会制度の板挟みへと追い込み、一層の緊張と苦悩を強いるものでした。敬虔派の救済理解に関するこの重要な事例において、告解への疑念を指摘するにとどまったことは、重点の置き方の問題とは言え、罪認識を過小評価する方向へ導かれてしまう結果につながると思われます。

つぎに、教会論については前述のとおり「ゼクテ」論文のほうが考察が充実しており、「倫理」論文のみからヴェーバーの見解を引きだすのはおそらく十分ではありません。その留保の上で述べるなら、前述のとおりルター派教会から分離して新たな独立の教会を作ったのはいくつかの急進的グループで、ヴェーバーは明確に言及していませんが、ツィンツェンドルフ伯が自分の伯爵領内に創設した教団ですら、紆余曲折ありながらもルター派であるザクセン領邦教会から分離していません。ヘルンフート教団の場合には、領主権を持つ者を指導者とし、その領地に教団を構え、そこからあらたな拠点を各地に獲得し、ネットワークを形成しつつもルター派教会とは対立しない道を目指すという特殊事例でした。独自の集会（コレギア）はシュペーナーやフランケ、また一般信徒らの運動の中心をなしてきましたが、その集まりが体制教会と対立すると、解散、消滅しました。[11] しかし、その後シュペーナーやフランケが領邦教会で地位を得ると、敬虔派は分離的というより、体制内でルター派正統主義と対峙する一主要グループを形成するにいたります。そしてブランデンブルク・プロイセン領内にとどまらず、国外も含む各地の教会・大学・ギムナジウムへと牧師や学者、教師を送り込んで行きました。敬虔派の、主として牧師を中心として持たれた集会は「教会内の教会」として、ブランデンブルク・プロイセンでそうであったよ

（9）「倫理」二三七頁。
（10）いわゆるベルリン告解席紛争（Berliner Beichtstuhlstreit）。Ryoko-Murakami Mori, "Der Berliner Beichtstuhlstreit. Frömmigkeit und Zeitwende im späten 17. Jahrhundert," in: *Pietismus und Neuzeit 17* (1991), S. 61-94; Claudia Drese, "Der Berliner Beichtstuhlstreit oder Philipp Jakob Spener zwischen allen Stühlen?," in: *Pietismus und Neuzeit 31* (2005), S. 60-97.
（11）森、前掲書を参照。

うに、[12] しばしば宮廷とも密接につながりながら、各地で敬虔派の活動の基盤となり、人的ネットワークを構築し、拡大していきました。体制内での、こうした権力の中心と結びつく（保守的）傾向について、トレルチはこれを敬虔派の本質とみなしたうえで厳しく批判的に述べています。[13] 敬虔派指導者がブランデンブルク・プロイセン領邦国家で占めた位置についてヴェーバーはとくに述べていませんが、ヴェーバーもまた敬虔派の（「年金生活者にふさわしい」）体制内的在り方をルター派的で、受動的で、既存権力に依存、迎合し、服従を説く体質として、ピューリタンと対比的にとらえていたことは、その論旨から読み取れます。

こうしたヴェーバーによる敬虔派像に対しては、現在の敬虔派研究から何が言えるでしょう。まず、敬虔派の急進グループがヴェーバーの考察からほぼ完全に外されていることは、二重の意味における時代的制約といえ、重要な点です。一つには歴史上、ことに「資本主義の精神」の発展に及ぼした数的・質的影響に照らして、急進派を取り上げる必要が認識されなかったという意味で、です。急進派とは、ヴェーバーの類型では神秘主義的傾向、彼岸志向、終末信仰を特徴としていることから、現世への積極的関与の余地をはじめから認めなかったものと推測されます。もう一つには、急進的グループは敬虔派のなかでもとくに研究上未開拓の分野であり、ヴェーバーの時代には距離を取った客観的研究がなされる段階になかったために、考察から捨象されてしまったものと考えられます。しかし、ルター派領邦教会の外の急進派を考察から除いたことで、残る要素をもとに描かれる敬虔派像は必然的に体制内的な、ルター派正統主義に一層近い像となったでしょう。近年の研究成果に基づいて、急進グループまでを取り込んだ包括的な敬虔派像を描く作業が、現時点では進められています。

つぎにヴェーバーが照準を定めた指導者三名についてですが、このうち思想の傾向、社会的働きの点でもっともピューリタン型に近かったのはヴェーバーがもっとも顧慮することのなかったフランケであり、フランケがもっと分析に組み入れられるべきでした。フランケの思想はヴェーバーも書いている通り、[14] 三名の中でもっとも非感情的（二五三頁）、すなわち理性的であり、大規模で多角的な社会事業を展開しました。孤児への教育から発展して神学生支援、出版、海外伝道から貿易活動までカバーした体系的事業、そこでの教育方針や内容についてヴェーバーもおそらくある程度は知っていたはずですが、論文では全く言及されないことはいくらか奇異にも見えます。自らの論旨にとって必要な要素でなく、むしろ論旨にそぐわない内容であり、この方面を追求しようとはしなかったのでしょうか。

三　フランケの事業に見る「合理的」ピューリタン的要素（ハレ、ヘルンフート、カルヴに見る「禁欲」と「利潤追求」の相克）

ヴェーバーの「倫理」論文ではいくらか肩透かしを食らわされましたが、フランケの社会事業は近代への過渡的プロセスを探るうえで興味深い事例です。組織の体系的まとまり、有用性重視の姿勢、事業による社会変革というヴィジョンに注目すると、ヴェーバーが描く、ルター派に傾いた受動的な敬虔派像とは違う面が見えてきます。

ハレの孤児院学校は、一九世紀の信仰覚醒運動のなかドイツ各地で始められた活発な社会事業の源とされます。（正誤表にも挙げたように）現在の研究状況を基準にすると、一九世紀の覚醒運動にたいするヴェーバーによる評価は低いのですが、これについてはハレの事業の取り扱いが「倫理」論文中に見られないこととの関連も推測さ

---

(12) Johannes Wallmann, *Pietismus und Orthodoxie: Gesammelte Aufsätze III*, Tübingen, 2010, S. 362-393.

(13) Ernst Troeltsch, *The Social Teachings of the Christian Churches*, Vol. 2, trans. by Olive Wyon, George Allen and Unwin Ltd., 3rd ed., 1950, p. 718.

(14) その教育と救貧事業の理念と実際については二〇一六年刊行の拙稿「ハレ・フランケ財団の救貧と教育――社会との距離、神との距離、積極性」『キリスト教史学』七〇集、二〇一六年、九二―一一二頁を参照。

れます。自らの前の世代のことであり、一八四八年以降の保守化した敬虔派の覚醒運動を身近に知っていた故に批判的であったのか、あるいは「資本主義の精神」というヴェーバーの問題意識とは対立的だったためでしょうか。しかしフランケから二〇世紀にいたるまでのドイツ社会事業運動のなかには、相違は当然ありながらも、神の国の実現、神の栄光が現れるための社会の改善という、（ヴェーバーの類型によれば「カルヴァン派的」要素の）一貫性が強く認識できます。

そこで以下ではまず、ハレにおけるフランケの社会事業の経済的側面を検討し、さらにツィンツェンドルフの教団における経済活動、また敬虔派による活発な経済活動の事例として、ヴェーバーが挙げているドイツ北西部ライン地域と南西部の都市カルヴについて、ヴェーバーの指摘がどの程度該当するのかをみてみます。

（一）ハレ――「神の国」の資本主義？

孤児院学校から大規模な教育施設への発展とその理念については別稿で扱いましたので、ここでは事業の経営面に注目します。起業にあたっての最初の資金が牧師館の献金箱への献金だったように、当初事業を支えたのはまずは寄付でした。手元の資金をもとに必要な建物と土地が購入されますが、そこには農業用地も含まれていました。孤児院学校の授業内容からは教育の一環として農作業が行われていたことがわかりますが、それはまた生徒や教師、指導に当たった神学生などのために学院で供される食料をまかなうためでもありました。開学の数年後には、ブランデンブルク侯（のちプロイセン国王）の特許状（一六九八年、一七〇二年）に基づき複数のマニュファクチュアが設立されます。絹、クレポン、靴下、ガラスなどの生産がはじめられましたが、軌道に乗るほどの利益が出なかったため、いずれも数年でうち切られ短命でした。しかし対照的に大きく成功した事業もあって、それは出版・書籍販売事業と医薬品の製造販売でした。収入のうちで寄付に依存する割合は一七一四年には五〇パーセント以下となりましたが、それはこれらの事業の成功によるものです。出版・販売事業では、書籍やパンフレットの販売に始まり、一七〇一年には独自の印刷所を設置して印刷業、一七二五年には製紙工場の経営にまで事業が拡大します。出版事業では、宗教的内容はもちろんのこと、医学や法学に関する出版もなされました。書籍販売ではよく「売れる」本を取り扱う方針がとられ、イギリスやオランダで人気のラテン語による歴史書を重点化しようと努めていたようです[15]。

書籍の出版・販売事業以上に成功を収めたのが医薬品の製造販売でした。一六九九年の疫病の流行を機に、実験室兼薬局が設立され、とくに一七〇一年に開発された〝エッセンシア・ドルキス〟なる薬液は非常によく売れました。一七〇二年には商売目的で始められた薬品取引が七八〇〇ターラー、一七二〇年代には一五〇〇〇ターラー近い年間収益を上げています。さらには書籍や医薬品のほか、スパイスやワイン、その他のヨーロッパ外のエキゾティックな物資を扱うロシアや植民地との貿易も、その地での宣教活動と結びついて行われていました。

事業を始めるにあたっては支援者の好意に依存し、不安定で予期しがたい資金の流れに「神慮」を見ていたとはいえ、収入に占める寄付の割合を低くし、依存度を減らすよう目指すことは経営者フランケにとって（理にかなった）自然なことでした。事業収入を増やすよう努めるということです。マモンに仕える収益追求は誤りでも、隣人への奉仕のための働き（労働・職業）であり、そのための利益追求であればそれは正当だ。利益を大きくするために、敬虔派の信条とは合わない内容の書籍まで取り扱うことに悩んだ出版業の責任者エラースに対して、フランケは「主たる事業は神の国へ、神の名の栄光ため、そして人類の救いへと向かっているのだ」と答え、疑う必要はないと説いています[16]。

フランケの事業の成功は、禁欲、勤勉、倹約といった倫理、宗教を基盤とする徳目、ならびにそれらと矛盾し

(15) Peter Kriedte, “Wirtschaft,” in: Hartmut Lehmann (ed.), *Glaubenswelt und Lebenswelten. Geschichte des Pietismus* 4, Göttingen, 2004, S. 585-616, S. 590.

(16) *Ibid*., S. 591.

ない有用性重視・目的合理性の精神が浸透した組織力を支柱としていたことにありますが、この教育事業が早くから為政者の保護を引き出したことの意味も大きなものでした。税金の免除や、マニュファクチュアを起業する認可など、宮廷の庇護が一般社会の規範を免れる余地を与えてもいました。しかしそれによってもちろんすべてが可能となったわけではありません。たとえば、学院で教育と職業訓練を受けた孤児が一般社会に受け入れられることは、フランケの教育事業にとって肝要な点でしたが、ハレのツンフトは孤児を徒弟にすることに消極的でした。フランケの勧めで、敬虔派のある親方が「私生児でない」という証明なしに学院の孤児を徒弟として受け入れようとすると、ツンフトはベルリン当局に請願書を出して自らの権利を主張しました。当局はフランケを支持する決定を出しましたが、職人たちはこれに抗議して市から立ち去ってしまったのです。こうした中、ある敬虔派の職人がこのストライキに参加せず町に残ったところ、他の職人たちから襲撃されるという事態にまでなってしまいました[17]。一八世紀に入ってもなお、ツンフトの特権は依然としてベルリンの当局の決定をもってしても迂回することを許さない原則であり、フランケはベルリン当局とのつながりをもってこれに挑んだものの、突破することはできなかったのでした。

フランケの社会事業にはこのように経済面での進取の気性を見て取ることができます。一七二七年に没するまで、人的ネットワークを駆使して寄付を集めるとともに、マニュファクチュア事業を試み、手工業と商業を軌道に乗せた経営手腕は、敬虔派の活動の中でも特異なものかもしれません。とはいっても、フランケが新しいタイプの「資本主義的精神」の持ち主であったと言えるかどうかは別問題でありましょう。ただ明らかに指摘できるのは、まとめとしてヴェーバーが描いた受動的な「年金生活者」的敬虔派類型とは、フランケの場合は大きく異なっているということです。

（二）ヘルンフート兄弟団——条件づけられた収益の追求

ハレの市外グラウハで発展したフランケの事業組織は、このように（経済、教育、教会生活の点で）ハレ市と時に競合しあう難しい関係の中にあり、市壁と学院の壁とで隔てられていたとはいえ、人も物も互いに行きかいながら生活していました。これに対して、一般世界から離れたコロニーの形態をなして生活していたのが、ツィンツェンドルフ伯爵領に拠点を得たヘルンフート兄弟団でした。兄弟団ではハレの事業以上に経済的自立がめざされただけでなく、伯爵領外の各地に点在したいわゆるディアスポラ（離散）の兄弟姉妹を必要に応じて援助し、さらに宣教活動費用も捻出していました。経済活動の主軸の一つは手工業でした。一七四四年頃から、兄弟の家（Brüderhaus）で親方の指揮の下、被服製造、製革業、靴製造業、銅細工、左官業、家具やボタンの製造がなされ、信仰によって結ばれた共同体で共同生産された製品は市場での評価も高く、広く販売されました。もう一つの軸は商業で、ディアスポラ各地での宿泊施設、薬局、小売業のほか、そこを拠点として貿易業が営まれました。そこにはモスクワやサンクト・ペテルブルクなどを拠点とした大掛かりな貿易会社の事業も含まれます。収益の大きかったこの事業では、兄弟団の経済への帰属か独立性かが問題とされ、生じた利潤は会社の事業へ再投資されるべきか、兄弟団本部へ送金されるべきか論争にもなりました。

兄弟団のメンバーによる勤勉な働きは宗教的に下支えされたものでしたが、利潤を増やすうえで個人が主体的になす工夫や商売上の巧みさは必ずしも奨励されたとは言えないようです。伯爵の所有から教団の事業となった小売店と薬局の運営を一七四七年に引き継いだアブラハム・デュルニンガーは、小売業から麻布製造、漂白、プ

（17） Sheilagh C. Ogilvie, "Coming of age in a corporate society: Capitalism, Pietism and family authority in rural Württemberg 1590-1740," in: *Continuity and Change I (3)*, 1986, pp. 279-331, p. 298.

リントコットン事業にまで発展させ、オーバーラウジッツで有数の輸出業者となりました。一七七七年には一二万八二九八ターラーの利益を生んでいます。ツィンツェンドルフは共同体への大きな貢献としてその働きを称賛しましたが、桁違いの利益の源はどこにあったかといえば、より低賃金の労働力を兄弟団外部に求めて、兄弟姉妹でない労働者を雇ったことで生まれたものでもあったのです。デュルニンガー自身は「いささかの良心の疚しさなく、商売を行うことができるとわかった」と述べています[18]。共同体に還元される利潤の増大か、兄弟姉妹の働き口を維持するか。経済活動も利潤の追求もあくまで兄弟団のためです。しかし、こうした経済共同体としての在り方は、一面的な利潤追求を許さずこれを抑制する側面があったことになります。

（三）敬虔派とプロト工業——カルヴ、エルバーフェルト

敬虔派による優れた経済活動について、ヴェーバーが例示しているのはヴッパータール（ライン地方）とカルヴ（ヴュルテンベルク）ですが[19]、いずれも毛織布業が発達した地域でした。両地域に関しては、いわゆるプロト工業化[20]の発達した地域として、経済史家、社会史家によって研究が進められてきました。しかし、ヴェーバーの指摘にもかかわらず敬虔派の地域であるということとプロト工業の発展との親和性については、現在では否定的な見解がほとんどです[21]。

都市カルヴの場合、すでに中世から毛織布の生産が盛んでした。カルヴと敬虔派の結びつきは古く、シュペーナーが『敬虔なる願望（ピア・デジデリア）』を発表する半世紀ほど前まで遡ります。ヨハン・アルント（一五五五―一六二一）と並びドイツ敬虔派の源とみなされる神学者ヨハン・ヴァレンティン・アンドレエ（一五八六―一六五四）が教区監督（Dekan）として一六三〇年から二〇年ほど住み、以後、カルヴはアンドレエの影響の強い敬虔派の都市と言われています。なおカルヴは、作家ヘルマン・ヘッセの生地としても知られます。アンドレエが赴任した一六二〇年当時、毛織布業界内での階層分化が進んでおり、梳毛、紡績や織布にあたる職工の貧困問題

に対処すべく、アンドレエは富裕商人に出資を働きかけて染色商基金（Färberstiftung）を設立しています。[22] また、アンドレエがカルヴを去った翌年に、染色商は染色商商会（Färberkompanie）を設立しますが、これは羊毛の仕入れ、織布の買い取り、販売の量、時期や価格を調整して、相互利益を守ろうとする保護主義的なギルドでした。[23]

カルヴに近い農村ヴィルトベルクの史料（一八世紀前半）を調査したオリヴィーは、この地域のプロト工業化がギルド・ツンフト的規制と当局の付与する特権の枠内で展開したことを示して、プロト工業の発展からは生産・販売の自由に基づく資本主義的市場経済への道筋は見られないことをイギリスとの対比の上で強調しました。[24] また、敬虔派による教会規律の徹底も、商工業に携わる際の規範の遵守を促すという形の社会化に寄与したと結論付けています。

再びカルヴを見ると、ここには牧師や教会の在り方を批判し、独自に聖書集会を持とうとする敬虔派グループ

（18） *Ibid.*, S, 594.

（19）「倫理」三二頁。

（20） Herbert Kisch, *From Domestic Manufacture to Industrial Revolution: The Case of the Rhineland Textile Districts*, Oxford University Press, 1989（ドイツ語版　一九八一年）. 大塚史学、キッシュからクリーテらにつながるドイツでの研究を含め、一九九〇年代初めまでの研究状況は以下の序章を参照。馬場哲『ドイツ農村工業史――プロト工業化・地域・世界市場』東京大学出版会、一九九三年。

（21） Ogilvie, *op. cit.*

（22） Hartmut Lehmann, "Pietismus und Wirtschaft"; Udo Sträter, "Soziales," in: *Glaubenswelt und Lebenswelten. Geschichte des Pietismus Bd. 4*, S. 615-645, hier S. 618. シュトレーターはアンドレエの社会事業にカルヴァン派の影響を見ている。アンドレエについては Martin Brecht, Das Aufkommen der neuen Frömmigkeitsbewegung in Deutschland, in: id. (ed.), *Geschichte des Pietismus Bd. 1.*, S. 151-203 参照。ジュネーヴでのカルヴァン派との接触についても同 S. 153。

（23） Walter Troeltsch, *Die Calwer Zeughandlungskompanie und ihre Arbeiter*, Jena 1897.

（24） Ogilvie, *op. cit.*

があったことがわかっています。一八世紀後半には、敬虔派が分派を形成し教会生活を避けるようになったため、公国宗務局の調査委員会による尋問が行われています。いわゆる敬虔派の人々の質素、勤勉、熱心な祈祷や病人への慈善など称賛すべき生活態度を証言し、問題なのはただ、教会から分離しようとする点だけであると市の役人が証言しています。当時の紛争からは、カルヴにおいては牧師も含め、敬虔派の影響が以前に比べ低下していた一方で、分離の動きを見せるだけの敬虔派勢力も依然として存在していたということ、また敬虔派の側はいわゆる都市貴族（Patrizia）、染色問屋業の富裕家系が中心であったことが証言からわかっています。結局、調査を命じた教会上層部にも敬虔派の教会批判に理解を示す敬虔派寄りの指導者がいたことから、教会生活を避けるような分離的活動は認めないとしつつも、厳しい処罰は成されませんでした。カルヴの事例も、倫理的に厳格で、体制教会批判的な信仰を基盤にする結びつきが資本主義の発達と連携していたとは言いがたいケースです。

ライン地方のエルバーフェルトと隣接地バルメン（のちの「バルメン宣言」で有名）でも、カルヴと同様に中世以来毛織物が盛んでしたが、一六世紀になると南に四〇キロほどのケルン市場とのつながりに代わって西、あるいは北西へ一四〇キロほどのアントワープ、アムステルダムなどの市場とのつながりを中心に発展します。エルバーフェルトの住人は一五六〇年以来ほぼカルヴァン派、バルメンはルター派とカルヴァン派とに分かれましたが、カトリック・スペイン支配下の低地地方からは多くの亡命者が移住し、織布業の発展に寄与しました[25]。当時の領邦、ユーリヒ・ベルク公領の宗派はカトリックでしたが、産業奨励の政策もあって、領内でのプロテスタントの信仰生活は容認されました。カルヴと同様、ここでもGarnnahrungなるギルドが作られ、ベルク公から独占権を得ています。敬虔派との関連におけるこの地域の特殊な例としては、一八世紀中ごろに「カルヴァン派内」敬虔派の急進グループがグループ内の牧師との対立を機に、エルバーフェルトから独立して新たな教区と街を建設しました。リボン工場主エラーを中心にする一派（Ellerianer または Sioniten と呼ばれる）はエルバーフェルトに隣接する土地を購入して集団移住し、あらたな街ロンスドルフ（Ronsdorf）を起こすと、信仰の一致に基づく生存をかけたその経済活動は急速に発展し、一七四一年には独立の教区としての、また一七四五年には都市としての権利を得ています。ユーリヒ・ベルク公領に隣接するマルクの統治者だったプロイセン王は、エラーを「プロイセン臣下とユーリヒ・ベルク公領のプロテスタントの長」と呼びましたが、プロテスタント諸侯とエラーの良好な関係も、ロンスドルフの成功に少なからぬ影響があったとみられます。(26)

麻布、のちにはリボンを主に製造したエルバーフェルトにおいても、豊かな商人と職人との格差の開きは一八世紀には明らかで、一七世紀以来の問屋主の家系は都市貴族化し、その生活態度には一七世紀の父祖の質素倹約精神は受け継がれなかったようです。(27) 対するエラーは新興の事業主です。神がかり的にお告げを語るアンナ・フォン・ビュッフェルを中心にした急進グループで、ヴェーバーにすれば「非合理的」な神秘主義的敬虔派にあたるのですが、分離独立して成功を収めています。

こうしてみてくると、規制を設ける側に立つか、規制を壊す、あるいは逃れる側に立つのかは、信条の違いよりも、それぞれの敬虔派が体制派なのか否か、またマイノリティーとして、あるいは分離して独立した経済基盤をゼロから得なければならないのかどうかによるところが大きいことがわかります。既存の規制を超えようとしたのは、ハレ郊外グラウハでゼロから事業を起こし、ハレのツンフトと対立したフランケでした。一方、カルヴのアンドレエ周辺の敬虔派は富裕商人としてギルドを形成し、生産・価格調整を通じて閉鎖的に利益を守ろうとしていました。経済活動において、ドイツ敬虔派は保守的にも革新的にもなりえました。

（25） "Wuppertal-Elberfeld", in: Manfred Groten, Peter Johanek, Wilfried Reininghaus, Margret Wensky (eds.), *Handbuch der Historischen Stätten, Nordrhein-Westfalen*, Stuttgart, 3. Auflage, 2006, S. 1119f.

（26） Johann Friedrich Gerhard Goeters, "Der reformierte Pietismus in Bremen und am Niederrhein im 18. Jahrhundert," in: Martin Brecht (ed.), *Geschichte des Pietismus Bd. 2*, Göttingen, 1995, S. 372-427, S. 417; Kisch, *op. cit*, p. 122.

（27） Kisch, *op. cit.*, pp. 111-112, pp. 119-121.

敬虔派の経済活動について論考を著したクリーテは、一九世紀の敬虔派事業主について、雇用者の福祉に対する家父長的責任感とともに、自らの事業（経済活動）を正当化する必要を自覚していたと考察しています。他方、同じ敬虔派のエートスは、貧しい職工に対しては、貧しさに耐え、なおも勤勉に働き続ける「意味」を与えたとも述べています。[28] 一九世紀に至り、すでに階層分化が進んでいる場合には、敬虔派の経済エートスからそれぞれの階層が違った義務・規範とその意味をくみ取っていた可能性があります。一九世紀とは、ヴェーバーの想定する「資本主義の精神」といわゆる「宗教心」とはかなりの程度分離した時代に当たると思われますが、その時期についてもなお、あるいは「近代の」そうした時期であるからこそ、宗教的エートスが経済活動に及ぼした影響についてさらに問うことが必要なのかもしれません。

以上、近世のいくつかの事例を見たうえで言えるのは、ドイツ敬虔主義とは、家内制手工業、問屋制、マニュファクチュアへという発展過程を伴走し、ときには事業者を鼓舞する資本主義的発展の動力ともなりつつも、中間団体を介して社会的にも、また経済活動においても、規律遵守を徹底し、革新的な資本主義発展の傾向にブレーキをかけるように働く場合もあったということになるでしょう。

四　敬虔派とゼクテ間の相関、交流（キリスト教社会福祉に見られる宗派性）

さて、ヴェーバーは禁欲的ゼクテの倫理と「資本主義の精神」との関連に考察を集中させましたが、私見では、敬虔派の積極性、活動性が最も顕著なのは――資本の蓄積ではなく――宣教と社会事業の分野です。そこで以下では「資本主義の精神」からはやや離れますが、資本主義の発展と密接にかかわり、産業構造の変化にともない増大した貧困問題・経済的弱者の問題に禁欲的ゼクテがどのようにかかわったのかを、ドイツ敬虔派を中心に考察してみます。そして、この分野における敬虔派の積極的活動では、宗派的垣根よりも、宗派を超えた交流、連携の傾向が強いことを示したいと思います。

（二）敬虔派の救貧と相互交流

カトリックとプロテスタントのあいだでの貧者への施しに対する態度の違いは、善行の理解と結びつき、しばしば取り上げられるテーマですが、貧困対策といういわゆる救貧の歴史に注目すると、実際的効果が必然的に問われる実務性の故に、（宗派的相違とともに）宗派を超えた共通性も顕著に表れます。例えば一七世紀アムステルダム市の社会事業は先進的で、模範的事業として大変注目され、ヨーロッパ各地から見学者が訪れましたが、その派遣元は宗派横断的です。外国から流入し、物乞いする浮浪者対策に悩んでいたカトリック都市ケルン当局は、アムステルダムへ視察団を派遣したあと、一六九六／一六九七年には刑務所 Zucht- und Arbeitshaus を設立していますし[29]、またハレのフランケのもとからもアムステルダムの孤児院の調査にエラースが赴いています[30]。マニュファクチュアを併設し、手仕事を身につけさせる孤児院の様子は、フランケの孤児院のヴィジョンによく似ています。フランケによるハレでの事業もまた、多くの賛同者と模倣者を生み、その影響圏はヨーロッパ大陸のルター派地域に限られず、イングランドのほか、都市カッセルなどカルヴァン派地域も含まれていました[31]。

（28） Kriedte, “Wirtschaft,” S. 609-610.

（29） Norbert Finzsch, *Obrigkeit und Unterschichten. Zur Geschichte der rheinischen Unterschichten gegen Ende des 18. und zu Beginn des 19. Jahrhunderts*, Stuttgart, 1990, S. 118; 一六九七年のケルン市参事会の議決など以下を参照。Yuki Ikari, *Wallfahrtswesen in Köln. Vom Spätmittelalter bis zur Aufklärung*, Köln, 2009, S. 115.

（30） Filips von Zesen, *Beschreibung der Stadt Amsterdam: darinnen von derselben ersten Ursprunge bis auf gegenwärtige Zustand, ihr unterschiedlicher Anwachs, herliche Vorrechte, . . .,* Amsterdam, 1664. “Das Grosse Waisenhaus,” S. 391f.

（31） Martin Hein, “»Reformiertes« Waisenhaus?, in: Hans-Dieter Credé (ed.), *Vom Waisenhaus zur Kita 1690-2015: 325 Jahre Stiftung Hessisches Waisenhaus*, Kassel, 2015, S. 32-41.

フランケの学院にはイギリス出身の生徒がしばしば見られたことにも表れているように、イギリスにも宗派を超えてフランケの賛同者が少なからずいました。イングランドのキリスト教結社ＳＰＣＫ（Society for Promoting Christian Knowledge）とフランケ（ハレ）を中心とするドイツ敬虔派のつながりが深かったことも知られています[32]。ロンドンでは一七〇五年からルター派宮廷牧師としてフランケの教え子であるベーム（Boehm）、またその後任のツィーゲンハーゲン（Ziegenhagen）がＳＰＣＫのメンバーとして、またアン女王付女官としてシャウムブルク・リッペ女伯ゾフィーがドイツ敬虔派とイングランドを結んでいました。一八世紀初頭、ザルツブルクを追放されたルター派信徒のアメリカへの移住をめぐり、ジョージアへの入植を働きかける目的でツィンツェンドルフ伯もロンドンへ赴いていますが、そのころ兄弟団の宣教拠点がロンドンに設けられています。

フランケの没後（一七二七年）、ハレでの事業は息子のミヒャエル・フランケに引き継がれました。プロイセンでは啓蒙主義の影響が増し、神学の領域でも啓蒙神学（Neologie）が主流になります。宮廷を中心にアンドレエの時代から一貫して敬虔派の影響下にあったヴュルテンベルク公領でも、教会内における敬虔派的傾向は弱まったことはカルヴでの紛争にみられるとおりです。一八世紀中ごろ以降、各国の国教会内で敬虔派の勢いが弱まる中で、ヘルンフート兄弟団の集落や家庭でもたれた集会や私的集まりは、敬虔派の信仰を維持・涵養し、新たな影響圏を広げる宣教拠点として重要な働きをなしていたことが指摘されています[33]。

ヘルンフート兄弟団は敬虔派の中でも宗派横断的でした。教団内にカルヴァン派も受け入れる一方で、ハレの敬虔派とは距離を取って国教会のルター派正統主義とも協調的であろうとし、国境を越え国際的にも積極的な宣教活動を展開することで敬虔派内の交流を促進しました。離散して生活する信徒グループはヘルンフートの本部に報告を提出し、本部からは巡察者が送られ、その指導と監督を受けていました。またディアスポラでの集いはメンバー外にも開かれていて、兄弟団のメンバーにならないまでも集会には継続的に参加する（兄弟団が呼ぶところの）友 **Freunde** として敬虔派に接触した個人が宗教的指導者として活躍することになる例がいくつも見られます。そうした例として、後述するオーバーリン、ドイツ・キリスト教協会のウルスペルガー、また一八〇〇年にベルリンでドイツ宣教学校を設立したイェーニケが挙げられます。イェーニケによるこの宣教学校は、中国宣教と最初の聖書日本語訳で知られるカール・ギュツラフ（一八〇三―一八五一）も学んだ学校ですが、学校設立から運営まで、人的交流のほか資金面でも兄弟団の支援を受けていました。[34]兄弟団の牧会と宣教活動は、その地の教区牧師、世俗支配者の容認姿勢があって初めて可能となるもので、時には、例えばナポレオン戦争期の集会禁止令によって活動できなくなることもありました。それだけに、それぞれの地における当局との良好な関係を持つことに兄弟団はいつも気を配り、史料によれば、せわしなく腰の落ち着かない（Betriebsam）覚醒者たちをなだめる役割を果たしたと自認していたようです。[35]

（二）キリスト教的結社と社会事業

イギリスのＳＰＣＫのようなキリスト教結社と密接な交流にもかかわらず、人的ネットワークを基盤に同様の事業を展開したハレの財団事業はメンバーシップに基づく結社の形をとるには至りませんでした。またヘルンフ

（32） Scott Kisker, "Pietist Connections with English Anglicans and Evangelicals," in: *A Companion to German Pietism*, pp. 225-255, p. 236, p. 245; Sugiko Nishikawa, "The SPCK in Defence of Protestant Minorities in Early Eighteenth-Century Europe," in: *Journal of Ecclesiastical History*, vol. 56, No. 4, 2005, pp. 730-748, p. 738.
（33） Arnd Götzelmann, "Die Soziale Frage", in: Ulrich Gäbler (ed.), *Geschichte des Pietismus Bd. 3. Der Pietismus im neunzehnten und zwanzigsten Jahrhundert*, S. 272-307; Horst Weigelt "Der Pietismus im Übergang vom 18. zum 19. Jahrhundert, in: *Geschichte des Pietismus Bd. 2.* S. 701-754.
（34） Horst Weigelt, op. cit., S. 709.
（35） Id., "Die Diasporaarbeit der Herrnhuter Brüdergemeine und die Wirksamkeit der Deutschen Christentumsgesellschaft im 19. Jahrhundert", in: *Geschichte des Pietismus Bd. 3.*, S. 112-149, S. 116.

ート兄弟団の離散教会は教団メンバーである信徒を中心にしながら、メンバーでない「友」まですそ野を広げたネットワークを維持し、宣教と社会奉仕活動を行っていましたが、組織の根本は教団という信仰共同体でした。敬虔派のネットワークが会員活動による宣教と社会事業のための結社という形に結実したのは、一七八〇年に各地の敬虔派が団結した時でした。啓蒙期の社会史研究では、共通の目的のために集い、会員相互の交流をはかる結社は、啓蒙的文化の申し子であると同時にその担い手とみなされてきました。興味深いことに、啓蒙期の合理主義神学の広がりとキリスト教信仰の退潮を憂いた敬虔派が、キリスト教信仰を取り戻し、立て直す目的のために手段として選んだのが、この結社という組織形態だったのです。

ドイツ・キリスト教協会の創設者ヨハン・アウグスト・ウルスペルガー（一七二八―一八〇六）は牧師の息子としてアウクスブルクに生まれ、ハレとテューピンゲンで神学を学んでいます。ザルツブルクを追放されたプロテスタント信徒によるジョージア移住のために父と共に働く一方で、神学と教会組織に広がる急進的啓蒙主義に抗するための文筆活動を行っています。[36] この時期のいわゆる後期敬虔主義は、合理主義と啓蒙神学に対して「キリストの十字架による人類の贖罪」という教義を正当化することを切迫した課題ととらえていましたが、文筆活動による影響力に限界を覚えたウルスペルガーが得たのが、協会設立という着想でした。「キリスト教の本来の力と本質を一掃する、自然主義的働きに抗する」こと、「実践的キリスト教を奨励する」ことが、協会の主要目的でした。一七六四年から会員であるＳＰＣＫと、一七七一年に設立され、一七七六年に会員となった「信仰とキリスト教のためのスウェーデン協会」がモデルになると考えていたようです。

協会設立を宣伝するため、ウルスペルガーはアウクスブルクから各地へ赴き、まずスイスのシャフハウゼン、チューリヒ、バーゼルを訪問、バーゼルでは靴下製造業を営むブレンナーを中心とする信徒グループから好意的に迎えられました。さらにライン川沿岸を北上、ドイツ北西部を経由してロンドンへ、そこから再び大陸へ戻ってオランダ、フリースラント、ニーダーザクセンを経て故郷アウクスブルクへ戻ると、すでにその数か月前には、バーゼルで協会組織委員会を設立した、という知らせが届いていました。六名からなる委員会は、バーゼル大学神学教授で教会監督を委員長とし、牧師二名、財務と広報など担当する信徒三名で構成されていました。

バーゼルを本拠地とするドイツ・キリスト教協会から翌年にはニュルンベルク、さらに一七八二年にシュトゥットガルト、フランクフルト、シュテンダール、ベルリン、プレンツラウ、マクデブルク、ミンデンの各地に支部が誕生します。翌年、翌翌年とそれぞれ新たに七か所に支部ができますが、いずれの支部でも会員は俗人信徒で、少なくとも一人は牧師が所属しているという状況でした。信徒会員の社会階層はほぼいわゆる中間層に属する商工業者で、加入に当たって宗派的違いは問題とされず、ルター派もカルヴァン派信徒も入会していました。本部を活動の中心とし、各支部での活動報告は本部へ送られ、本部からはそれらを編集し、さらに本部での決定をまとめた議事録が回覧のために各支部へと送られていました。このような本部を中心とする情報共有の仕組みは、ヘルンフート兄弟団のディアスポラ組織ともよく似ています。

このドイツ・キリスト教協会は、問題意識を共有する会員が交流、情報を交換し、協力するプラットホームとなり、母団体としてここからさらに聖書の普及を図る聖書協会、宗教的パンフレットを送付するパンフレット協会 Traktatgesellschaft など、特化した目的のための個別協会も次々と生まれていきました。またドイツ・キリスト教協会が主体となって社会事業を起こすのは一九世紀になってからですが、設立当初から、個人のイニシアチヴによる社会事業を宣伝し、後援者を増やす媒体としても機能しました。協会に関係が深かった社会活動家の例としては、アルザスのオーバーリン（一七四〇—一八二六）、ベルリンのほかプロイセンで活動したシュレジアのコトヴィッツ男爵（一七五七—一八四三）らが挙げられます。

（36） Alexander Schunka, Lutherische Konfessionsmigration, in: Europäische Geschichte Online (EGO), hg. vom Leibniz-Institut für Europäische Geschichte (IEG), Mainz 2012-05-14. URL: http: //www. ieg-ego. eu/schunkaa-2012-de URN: urn: nbn: de: 0159-2012051419 [2018-3-30].

牧師オーバーリンはドイツ・キリスト教協会のほか、ヘルンフート兄弟団とも密接なつながりを持ち、またSPCKと英国海外聖書協会の会員でもありました。一七六七年、シュトラースブルクから赴任したアルザスのシュタインタールで農村の貧困を目の当たりにし、まもなくそこで貧しい子どもに編み物を教えていたサラ・バンツェ（一七四五―一七七四）の働きを知ると、バンツェを教師として雇い、編み物学校を始めました。さらにバンツェのように子供たちの指導者となる若い女性を養成する学校を開きます。この女性たちを牧師館で受け入れて、妻マグダレーナが家事から聖書学まで指導しました。学校は次第に拡大し、牧師館は寄宿舎となります。学校の拡大していく様子は、ちょうどハレの事業を想起させますが、オーバーリンは実際に、フランケの学校をモデルにした学校カリキュラムを作成しています。またヘルンフート兄弟団で多くの女性たちが社会奉仕を担っていた様子に触発されて、初代教会に倣って教区に社会活動を担う執事職（ディアコニア）[37]を設けてもいます。さらに一七七〇年代に、自らの教区に綿布工場を、一八一三年には絹紡績工場を誘致してもいます。こうした事業は人的ネットワークや新聞記事（ライプチガー・インテリゲンツ紙　一七七四年）を介して、ドイツ、スイス、フランスで知られるようになりました。

こうしたオーバーリンの事例には、ハレ、ヘルンフートというこれまでの敬虔派たちの社会事業の影響とともに、工場誘致、女性の積極的登用など、それまでとは違う新しい傾向、近代を先取りするような方向性も見て取れます。同時に、結社の人的ネットワークを活用し、私的事業を行いつつも、教区牧師として教区の社会奉仕（ディアコニー）の復活と強化に力を入れるなど、キリスト教的社会福祉のパターンいずれもが援用された事例でもありました。

（三）教区型・施設型・結社型の救貧

宗教改革とは礼拝と教義だけでなく、福祉や教育の改革でもありました。[38]教区民の福利、病気や高齢で援助が必要な者への援助のために、ルターは共同金庫を設けるように定め、またカルヴァンは原始教会をモデルに教会職のひとつとしてディアコン Diakon（執事職）を設けました。[39] 旧体制下、教区教会を中心とする教会生活上の区割りであった教区とは政治的単位であり、また生まれて洗礼を受け葬られるまでの社会生活の単位でもありました。救貧権限をめぐる教会と市当局との長い綱引きにも似た争いは中世以来見られるところですが、一般的には、宗教改革によって救貧の主体が教会・宗教の領域から世俗的領域に移ったのだと言われます。都市、あるいは領邦国家という統治者 Obrigkeit による救貧でも、多くの地域で依然として教区を枠組みとしていましたが、宗教改革の導入以後、教区を基盤とする救貧は宗教改革と共に世俗化し、現代的には「公的」社会福祉ととらえられています。[40] 教区の福祉への制度教会の関心と関与の度合いは、聖職者個人による牧会職の理解とその姿勢に左右されるところとなり、一七世紀のカルヴァやハレの例を見ると、結果として、制度教会による社会福祉の奉仕はなおざりになったものと考えられます。

フランケの師であるシュペーナーも、牧師として着任したフランクフルトで教区を基盤とする救貧が機能しない事態に直面して、フランクフルト市当局へ働きかけて制度を改革し、羊毛を扱うマニュファクチュアを併設した救貧・孤児院 Armen-, Waisen- und Arbeitshaus を開設しました（一六七九年）。[41] 必要経費の不足分は教区民の献金によって埋められ、あくまで教区を基盤とした救貧事業でした。四年でのべ一八〇〇〇人が収容されていたと

(37) ディアコニー一般については "Diakonie," in: *Theologische Realenzyklopädie, Band VIII*, Berlin, 1981, S. 621-683 参照。
(38) 岩倉依子「ルターの教育論と一六世紀ドイツの教育改革」『思想』第一一二二号、二〇一七年、七一―一二三頁。
(39) Udo Sträter, "Soziales," in: *Glaubenswelt und Lebenswelten. Geschichte des Pietismus Bd. 4*, S. 618.
(40) Robert Jütte, *Obrigkeitliche Armenfürsorge in deutschen Reichsstädten der frühen Neuzeit. Städtisches Armenwesen in Frankfurt am Main und Köln*, Köln 1984; 長谷川貴彦「近世化のなかのコモンウェルス」、高田実・中野智世編著『福祉』ミネルヴァ書房、二〇一二年、二五―六二頁。
(41) Udo Sträter, "Soziales Engagement bei Spener," in: *Pietismus und Neuzeit, 12 (1986)*, S. 70-83; Id., "Soziales", S. 617-645,

言います。フランケも着任した教区グラウハの救貧制度改革を実施し、同じモデルは都市ハレにも導入されています。しかしフランケの活動は教区の枠を超え、孤児院と教育施設はシュペーナーのものよりはるかに大掛かりで、受け入れられた孤児はハレ以外からやってきた子どもがほとんどでした。またその経営基盤は寄付と事業収益を主としていました。一八世紀前半を中心に、フランケの影響を受けた牧師やハレで学んだ教師、また敬虔派の領主（宮廷）という、個人のイニシアチヴによってドイツ語圏各地で似たような事業が始められましたが、ハレほどの成功を長期的に収める場合は多くはなく、経営がなりたたなくなって消滅するか、途中から領邦国家の管理に入る場合もありました。[42] 政治権力との関係、その指導や援助を積極的に求めるかどうかという点は「倫理」論文では中心的テーマとなりませんでしたが、貧困と無知という、敬虔派にとっての「この世の悪」を最小化する役割において、この世における政治権力の役割を積極的・肯定的にとらえ、その「援助」による理想の実現を目指した敬虔派の姿には、二王国論に立つルター派的特質がみられます。[43]

しかし敬虔派のなかでも、社会事業とは公的であるべきか私的であるべきかについて、見解の違いが見られました。シュペーナーは救貧をあくまで公的（obrigkeitlich, öffentlich）なものととらえ、一牧師による「市政の領域」への介入と受け取られないよう注意を払いながら、フランクフルト市やベルリン市の救貧制度の改善に尽力しました。[44] 他方フランケは、ホーエンツォレルン家から援助や特権を受けて密接な関係を維持しつつ、ハレでの教育・社会事業を教区事業というよりも独自の活動として行い、シュペーナーはそうしたフランケの姿勢に対してある種の違和感を持っていたようです。[45] 公私の区分は、近世のこの時代は現在ほど明確になっていなかった時期に当たりますが、「救貧・貧困への対処」という分野は公的・国家的（obrigkeitlich-staatlich）に担われるべきか、私的イニシアチヴが積極的に求められるのかという視点は、この時代から存在したわけです。敬虔派の間では、個人のイニシアチヴによる社会事業という救貧のスタイルが、一九世紀初頭にディアコニー運動を始めたテオドーア・フリートナー（一八〇〇―一八六四）や、ハンブルクでラウエ・ハウス（Das Rauhe Haus）を設立したヨハン・ヒンリッヒ・ヴィヒャーン（一八〇八—一八八一）など数多くの活動家によって続けられていきますが、ヴィヒャーンは一九世紀半ばにも、教区のディアコニーと私的社会事業を区分することを明確に主張しています。(46)制度教会のディアコニーか、私的な、福祉協会等による救貧が望ましいか、プロテスタント指導者の間で議論され続けているわけです。

シュペーナーからフランケを経て、ドイツ・キリスト教協会までの流れをみてくると、一九世紀初めには、敬虔派の社会事業には中世以来の教区に基づく仕組みを作り直そうとする教区型、フランケのような個人による社会事業型、さらにそれらに協会を母体とする結社型が加わって併存しながら、来るべき国家と教会の分離、産業化、そして社会問題の時代を迎えようとしていたことになります。

福祉分野にかんするエスピン＝アンデルセンらによる近年の研究では、実証研究に基づいて、いわゆる社会国家型の北欧諸国、それに対する自助・国家不介入のアメリカ自由主義型、さらに大陸西方ヨーロッパ型（オラン

（42） 一八世紀の敬虔主義を扱った『敬虔主義の歴史 第二巻』で言及されているだけでもドイツ語圏を中心に敬虔派によって二〇ほどの孤児院が設立されていることがわかる。Sträter, “Soziales”, S. 630-633 も参照。

（43） 岩倉前掲書、および野々瀬浩司「マルティン・ルターの戦争観」『史学』第八四巻第一—四号、二〇一五年、四一五—四六三頁、四三二—四三三頁を参照。

（44） Udo Sträter, “Soziales Engagement,” S. 72.

（45） *Ibid.*, S. 82. グラウハ教区の歳入を貧民教育に充てることを許可する条例や、（ハレの属する）マグデブルク伯領、ハルバーシュタット公領の教会からフランケ財団への寄付の義務化など、教会財源をフランケの事業へ回す形でも選帝侯は資金援助をしている。森涼子「近世都市ハレにおけるピエティスムスの新展開」『比較都市史研究』二三（二）、二〇〇四年、一五—三一頁、一九—二〇頁。

（46） Martin Friedrich, “Kirchliche Armenpflege! Innere Mission, Kirche und Gesellschaft in der Mitte des 19. Jahrhunderts”, in: Martin Friedrich, Norbert Friedrich, Traugott Jähnichen, Jochen-Christoph Kaiser (eds.), *Sozialer Protestantismus im Vormärz*, Berlin/Münster/Wien/Zürich/London, 2001, S. 21-41, S. 34.

ダ、ドイツ、オーストリア、スイス）としての類型化が見られます。[47] 宗派的に見れば、北欧では早くからルター派国教会が確立し、教会に代わって領邦が福祉を提供する仕組みが発展し、国民は国教会教区の福祉に信頼することができたので、北欧では結果として現在まで税金による国の福祉が続いています。[48] 一方、大陸西方ヨーロッパでは、カトリック、複数のプロテスタント宗派と人文主義的伝統（市民自治）が混在し、多数の中間団体が生まれて福祉を担い、国家はそれらを補完する形で福祉に関与することになりました。この説明は、北欧と同じ国教会制度を持ちながら、それが福祉の主要な担い手とはならなかった大陸部の、特に本報告で対象とした地域の状況とうまく符合します。ドイツ敬虔派のイニシアチヴによる社会事業は、まさにこの中間団体的な活動に当たり、教区基盤の領邦国家的、都市的救貧が機能しないところで、その不足を埋めるべく生じていった社会事業だということができます。一九世紀のヴィヒャーンによる国教会の教区的救貧に対する否定的見解を紹介しましたが、これは北欧とは違う、国教会による救貧への不信感の表明としてよく理解できます。

こうして宗派状況と社会福祉の在り方の関連が確認できましたが、そのカギとなったのは西方ヨーロッパを「宗派混在地域」ととらえたことにあります。これはヴェーバーが暗にそれぞれの「国」に当てはめた宗派性とは異なっています。明示的に述べていなくても、ヴェーバーにとってドイツはルター派、オランダとイギリスはカルヴァン派の国ではなかったでしょうか。宗派が「混在」しているととらえるよりも、本質をなすであろう宗派性を割り当て、そこから理念型を導く方向をヴェーバーは選びました。

しかし、国家と宗派の関連は国教会制度の下にあっても非常に複雑です。シュペーナー、フランケが活躍したのちのプロイセン王国、ブランデンブルク選帝侯領は、一七世紀初めより、統治者であるホーエンツォレルン家はカルヴァン派、臣民はルター派という構図でした。統治者側はルター派の聖職者や貴族たちに対応するうえで、敬虔派聖職者に独自の役割を求めました。一八世紀に入ってからの例ですが、ルター派正統主義につらなる聖職者の影響を避け、プロイセン国王は敬虔派による従軍牧師の育成と統率をもくろみ、兵士の孤児のための孤児院をポツダムに作る際にもフランケの協力を求めているという事例を挙げることもできます。(49) このように歴史的には、カルヴァン派とルター派の二宗派の関係は複雑に絡み合っていました。プロイセンに限っても一九世紀にホーエンツォレルン家はプロテスタント二宗派合同政策を推進し、例えばヴェーバーが「倫理」論文中で高く評価し、論文への影響関係が指摘されている神学者シュネッケンブルガーも、教派の歴史的考察において、両宗派の違いよりも一致に着目する研究姿勢をとりました。(50) そうした時代背景が、逆に各宗派の理念型の析出へとヴェーバーを促した可能性もあります。なお、こうした時代背景や「倫理」論文の成立史は、ゴーシュによる研究を筆頭に、近年研究が大きく進んだ領域の一つです。

おわりに――展望

本報告ではまず、ヴェーバーによる敬虔派の理念型について、ヴェーバーの叙述と歴史的事実を照らし合わせるとどのような一致と違いが見られるかを、救済理解、教会論、モデルとなった指導的人物について検討しました。そしてヴェーバーの扱うことの少なかったフランケとその社会事業に焦点を当てると、ヴェーバーが描いたのとは違った敬虔派の像が描けることを指摘しました。さらにドイツ敬虔派による経済活動には、起業家精神と

(47) Kees van Kersbergen, Philip Manow (eds.), *Religion, Class Coalitions and Welfare States*, Cambridge Univ. Press, 2009.
(48) 稲垣久和『公共福祉とキリスト教』教文館、二〇一二年、一一五―一一九頁。
(49) Benjamin Marschke, "Pietism and Politics in Prussia and Beyond," in: *A Companion to German Pietism*, pp. 472-526; Id., *Absolutely Pietist: Patronage, Factionalism, and State-building in the Early Eighteenth-century Prussian Army Chaplaincy*, Niemeyer, 2006.
(50) Peter Ghosh, "Max Weber and German theological tradition: the case of Matthias Schneckenburger," in: *A Historian reads Max Weber, Essays on the Protestant Ethic*, Harrassowitz Verlag, 2008, pp. 171-199.

呼びうる傾向とギルド的特権に基づく利益保護の精神の双方が存在したことを確認しました。

またシュペーナーから一九世紀にいたるまでの敬虔派による社会事業からは、社会福祉への関心の一貫した強さと、改善への個人による積極的行動、それを支えた広範な人的ネットワークの存在、そしてそれらがしばしば教派の垣根を越えて交差していく様子が見られました。ヴェーバーはドイツ敬虔派の特性を「両義性・矛盾」としましたが、それに対しては、ルター派、カルヴァン派という、信条及び制度に基づいた制度教会・教会性（Kirchlichkeit）の枠組みを離れて「敬虔派的特質」というものを把握しようとするならば、矛盾や寄せ集めでない一貫性が認められると主張したいと思います。すなわち認識の枠組みをどう設定するかの問題であります。しかしながら、敬虔派的特質を一つのタイプとして立てるということは、宗派的相違と必ずしも対立する、また相違を認めないものではないとも考えます。

キリスト教社会における救貧とは隣人愛の業ですが、「隣人」である救貧対象に「人格」を見るか否かという着眼点で、ヴェーバーはカルヴァン派の救貧に言及しています。救貧についてヴェーバーは、アムステルダムでの印象的な光景を引用しています。孤児たちが、縦に赤と黒、赤と緑のしまの一目でわかる制服を着せられて行進する様子を挙げて、人間的（persönlich=menschlich）には（ルター派のドイツ人なら、）それを目にしていい気持ちにはならないが、カルヴァン派的にはそれを目に見える救貧の成果として誇らしく眺めるといい、カルヴァン派の「非人間」、「非人格的」隣人愛ということを述べています。柳父圀近氏は unpersönlich に「非人情」との訳をあてていますが、ドイツ人の救貧・隣人愛には人格的心情があるのに、オランダの彼らにはそれがない、ということでしょうか[51]。隣人愛というとき、カルヴァン派的には神の命じるところと自らの救済をまず思い、「貧者」という対象のうちに人格、人間性の登場する場はないのか、それとも人格としての隣人、すなわち困窮する人の中に人を見るのか。ヴェーバーの含意はそのように解釈できるでしょう。この場合、カルヴァン派の救貧は、「官僚的」「杓子定規」と言い換えうるでしょうか。あるいはもっと進んで「非人情」という線で行くと、貧しくあることが罪であり、滅びの定めのしるしであるかのような、二重予定説の変奏としてヴェーバーは理解していたのかもしれません。

上述の類型では「中間団体による福祉」の地域として西ヨーロッパがひとくくりになっていましたが、オランダとドイツの比較、あるいはドイツ内での比較など、さらに掘り下げていくことは、新しい敬虔派像、また新しい宗派類型の析出につながるのではないかと考えています。本報告では近世、すなわちナポレオン戦争以後の新秩序と産業化の進展の中で、宗教運動とともに社会（福祉）の在り方が大きく変わるその前の時期をおもに扱い、教区型、個人の私的イニシアチヴ、結社・協会型という福祉の三パターンが出揃うまでの歴史に敬虔派が深くかかわっていることを示しました。歴史的に考察した場合、近世・近代ドイツとは、どの程度ルター派的で、どの程度カルヴァン派的だったのか、またカトリックはそこでどのような役割を果したのか、宗派という参照系を維持しながら今後の研究を進めていきたいと思います。

(51) 柳父圀近「カルヴァンと「隣人愛の非人間性」」『ヴェーバーとトレルチ』みすず書房、一九八三年、一二一―一六〇頁。

第四章　メソジスト派の記述をめぐって

馬渕　彰

はじめに

この章では、ヴェーバーのテーゼが今日のキリスト教史研究の水準に照らしても支持できるものなのかとの問いへの答えを、「倫理」論文の中のメソジスト派についての記述内容を今日のメソジスト史研究の水準と照らし合わせながら探ってみたいと思います。

本章では四つの異なった点から、ヴェーバーのテーゼが今でも支持できるものなのかを考えてみます。まず第一に、ヴェーバーが使用した資料について見ていきます。「倫理」論文でヴェーバーによって描き出されているメソジスト派やメソジスト派創設者ジョン・ウェスレー（一七〇三―一七九一）の歴史像は、一体どのような資料に基づいて、どのように形成されたのかを確かめます。また、その資料の選び方や用い方の可否についても考えてみます。第二に、メソジスト派指導者のジョン・ウェスレーの経済倫理を考察します。メソジスト運動とは一体どのような運動だったのかを概観した後、ウェスレーが信仰と富との問題に関連について人々にどのような教えを説いていたのかを、彼の国家論・教会論と救済論に注意を払いながら確認してみます。第三に、「倫理」論文の中に散見される「間違い」について論じます。「倫理」論文でのウェスレーやメソジスト派についての記述においてどのような「間違い」があるか、また、それらの「間違い」をどのように受けとめたり解釈したりしたらよいのか考え、そして、それらの「間違い」がどのような問題や議論へと発展するのかを確認します。最後に、十八世紀・十九世紀イギリスのメソジスト派についての近年の研究動向を基に、ウェスレーの教えに触れた人々が実際にどのような言動をとっていたのかについて論じつつ、「倫理」論文のテーゼが歴史の実態に沿っていたと今日でも言えるのか考えてみます。

「倫理」論文とそのメソジスト派の記述をめぐる議論には、もっと適した論じ方が幾つも他にあることと思います。この章で用いる四つの点は、「倫理」論文そのものに初めて触れる初学者であっても理解できるように考えた便宜的なものにすぎません。

一　ヴェーバーが使用した資料

（一）量と種類

ヴェーバーがメソジストやウェスレーについて記述する際に用いた資料の特徴として指摘できることは、まず資料の少なさです。ヴェーバーは、『プロテスタント神学・教会百科事典』の「メソジズム」の項目に記されている情報の他に、二〇世紀初頭にドイツの図書館で彼が入手できた僅か数冊のメソジスト派関連の概説書をもとに、メソジスト派とウェスレーに関する説明を記述しています。資料入手の限界に関連して、ヴェーバーは「倫理」論文中のある個所で次のように断りを入れています。「ドイツの図書館は経費がゆたかでないので、『地方』（プロヴィンツ）では、ベルリンその他の大図書館から、貴重な史料や研究書を数週間をかぎって借り受けるよりほかに道はない。たとえば、……ウェズリー（Wesley）の著書やメソジスト派……がそうだ。どの問題についても立ち入った研究をしようと思えば、イギリス、ことにアメリカの図書館に出向くことが往々にして不可欠となる。以下の素描については、当然のことながら、ドイツで入手できるものだけで概して満足しなければならなかった（また、することもできた）」[1]。ヴェーバーが挙げている参考文献については、（別表）「ヴェーバーが『倫理』論文で言及している文献一覧」を参照してください[2]。

次に、ヴェーバーの使用した資料の偏りも特徴として指摘できます。「倫理」論文でのウェスレーやメソジスト派の説明は、ウェスレーの日記や説教集や手紙、メソジスト派の年会議事録や巡回区報告書や機関誌といった一次資料を渉猟し、それらの史料にヴェーバー自身が沈潜して描き出されたものでは全くありません。「倫理」論文中のウェスレーやメソジスト派の記述は、百科事典の「メソジズム」の項目や概説書の説明、そしてヴェーバーがアメリカに滞在していた時に自ら見聞きしたことやアメリカで同派に自ら抱いた印象に基づいたものに過ぎません。そのため、「倫理」論文では、二〇世紀初頭の人々が広く共有していた一般的なメソジスト派像・ウェスレー像が用いられる結果となっています。ヴェーバーは、これに関して、次のように記しています。

「断るまでもないことだが、以下の素描は、教義の問題に関するかぎり、すべての教会史・教義史の文献にみえる見解に、つまり『セカンド・ハンド』に拠っており、そのかぎりでおよそ『独自性』を主張するものではない。……私はただ、記述を切りつめたための不正確な要約におちいっていないことを、また少なくとも実質的に甚だしい誤解を免れていることを願うほかはない」[3]。

（1）「倫理」一四三―一四四頁。

（2）次の文献は、ヴェーバーが用いた資料を確認する際に大変役立った。*Max Weber Gesamtausgabe: Band I/18: Die Protsstantische Ethik und der Geist des Kapitalismus/ Die Protestantischen Sekten und der Geist des Kapitalisms, Schriften 1904-1920*, Mohr Siebeck, 2016-2017.

（3）「倫理」一四二―一四三頁。

別表　ヴェーバーが「倫理」論文で言及している文献一覧

Ashley, W. J.	'Birmingham Industry and Commerce', reprinted from the *Handbook of the British Association for the Advancement of Science Birmingham Meeting 1913*, Birmingham, Cornish Brother Ltd, 1913.
Jacoby, Ludwig S.	*Geschichte des Methodismus*, seiner Entstehung und Ausbreitung in den verschiedenen Theilen der Erde, Nach authentischen Quellen bearbeitet, 2 Theile. – Bremen; Verlag des Tractathauses 1870.
Jacoby, Ludwig S.	*Handbuch des Methodismus,* enthaltend die Geschichte, Lefre, das Kirchenregiment unde eigenthümliche Gebräuche desselben. Nach authentischen Quellen bearbeitet. – Bremen; Joh. Georg Heyse 1853.〔『メソジスト派ハンドブック』〕
Jüngst, Johannes	メソジスト派関連の書。〔書名の記載なし〕*Amerikanischer Methodismus in Deutschland und Robert Pearsell Smith*. Skizze aus der neuesten Kirchengeschichte. Mit einem Vorwort von W. Krafft. – Gotha; Friedrich Andreas Perthes 1875.
Jüngst, Johannes	メソジスト派についての書〔書名の記載なし〕*Der Methodismus in Deutschland.* Beitrag zur neuesten Kirchengeschichte in zwei Abtheilungen, 2. Aufl. – Gotha: Friedrich Andreas Perthes 1877.
Kolde, Theodor	メソジスト派についての書〔書名の記載なし〕*Der Methodismus und seine Bekämpufung*. Ein Vortrag auf der bayrischen Pastoralconferenz zu Erlangen am 23. Juni 1886 gehalten. – Erlangen; Andreas Deichert 1886
Loofs, Friedrich	〔Art. Methodismus メソジスト派の項目〕, *Realencyklopädie für protestantische Theologie und Kirche.*, 3. Aufl., 12. Band, S. 747-801.（『プロテスタント神学・教会百科事典』第三版）
Schneckenburger, M.	*Vorlesungen Uber die Lehrbegriffe der kleinen protestantischen Kirchenparteien*, Frankfurt, 1863〔『プロテスタンティズムの小党派の教義概念についての講義』〕
Skeats, Herbert S.	*History of the Free Churches of England, 1688-1851*. 1869
Southy, Robert	メソジスト派についての書〔書名の記載なし〕*The Life of Wesley and the Rise and Progress of Methodism*, ed. by J.A. Atkinson. – London, New York; Frederick Warne and Co. 1889.
Tyerman, L.	*Life and Times of John Wesley*, London, 1870 f.
Watson, Richard	*Life of John Wesley*, 1831〔ドイツ語訳もあり。また一般向けとヴェーバー記す〕Das Leben Johann Wesley's, nebst einer Schilderung des Methodismus und seiner Anhänger in Großbritannien und Irland. Beitrag zur christlichen Religions – und Kirchen-Geschichete. Nebst einem Vorwort von L. Bonnet. – Frankfurt a. M.; Siegmund Schmerber 1839.

＊網掛部分：次の書から得た情報には網掛けを施した。*Max Weber Gesamtausgabe: Band I/18: Die Protstantische Ethik und der Geist des Kapitalismus/ Die Protestantischen Sekten und der Geist des Kapitalisms, Schriften 1904-1920*, Mohr Siebeck, 2016-2017, pp. 623-658. 〔　〕内は、筆者による加筆。

資料に関するこれらの問題はメソジスト派の記述だけでなく「倫理」論文全体に及んでいます。「倫理」論文の終わりの部分で、ヴェーバーは「倫理」論文作成にあたり、二次資料に偏らざるを得なかったことへの彼の胸のうちを、次のように吐露しています。「この論稿〔「倫理」論文〕もそうなるほかはなさそうだが、他人の〈神学的および歴史学的〉業績にいちじるしく依拠せざるをえないような大著を書き上げるのは、私のあまり好きなことではない」[4]。このように、最初から「倫理」論文は限られた資料の量と種類上の偏り、そしてウェスレー像・メソジスト派像の一般化・単純化の問題を承知の上で作成されています。そこで、今日のメソジスト史研究者の水準に照らし合わせて即座に「倫理」論文を否定することはせず、むしろ通常の歴史学等の手法では描けないものを描こうとしたヴェーバーの挑戦に敬意を払いつつ、以下「倫理」テーゼの再検討を続けることとします。

(二) 一九二〇年版「倫理」論文での追加資料

「倫理」論文では、メソジスト派の一次資料(史料)を用いている箇所が一箇所あります。それは、ウェスレーの説教からの引用文です[5]。この引用文は、ヴェーバーの一九〇五年の「原論文」にはまだ記載がなく、一九二〇年の「倫理」論文で新たに挿入されました。ヴェーバーは、この説教文挿入の着想をイギリス人学者アシュリーからの一九一三年の書簡によって得ています[6]。

この説教の挿入によって、ウェスレーやメソジスト派への評価が一変します。一九〇五年の「原論文」では、メソジスト派はドイツ敬虔派と同様、「倫理」テーゼではあまり重要な教派ではありませんでした。ヴェーバーは次のように記しています。「ともかく、メソジスト派は天職観念の発達になんらの新しい貢献もしなかったの

(4)「倫理」三七〇頁。
(5)「倫理」三五二—三五三頁。
(6)「倫理」三五四頁。

だから、以下天職観念について論じるばあいには、一つの晩生果（Spätling）として基本的に論外においてさしつかえあるまい[7]」。ヴェーバーはメソジスト派の役割を低く評価し、それよりも十六世紀・十七世紀のバプテスト派などのゼクテ（諸信団）こそ天職観念に貢献したと高く評価していました。しかし、一九二〇年の「倫理」論文では、ウェスレーの説教やメソジスト派の歴史を「倫理」テーゼの支柱でもあるかのように高く評価します。ヴェーバーは、「倫理」論文のクライマックスでウェスレーの説教を引用するにあたり、次のように記します。

「いままで述べてきたことすべての標語とするにふさわしいものとして、ここでジョン・ウェズリー自身の一つの文章を引用してみたい。というのは、この文章は、禁欲的信仰の指導者自身が、いま述べたような一見逆説的な関連をば十分に、しかも、われわれが説明したのとまったく同じ意味で、明瞭に知っていたことを示しているからだ[8]」。

また、ヴェーバーは、「メソジスト派は天職観念の発達になんらの新しい貢献もしなかったのだ」の部分の註に、「しかし、……ジョン・ウェズリーの文章が示しているように、メソジスト派も他の禁欲的諸教派とまったく同様に天職観念を展開し、そして同じ結果をもたらしたのだった[9]」といった、天職観念の展開（発展）でのメソジスト派の役割を認める文章を書き足しています。

こうして、「原論文」とは異なり「倫理」論文では、メソジスト派に関して全く異なる二つの評価が両方とも記載されることとなりました。このことによって、「倫理」論文に矛盾は生じてないのでしょうか。この疑問を抱いた岸田紀氏は、「倫理」論文中のウェスレーの説教文にウェスレーの原文と異なる数々の点を発見しました。もともとは「倫理」論文のウェスレーやメソジスト派の解釈の正しさを論証しようとして研究を始めた岸田氏でしたが、原文と引用文との違いに気付いた後は、ウェスレーの経済倫理がイギリスの教会指導者たちのどの系譜に連なるものであるかを調査・分析しました。岸田氏のたどり着いた結論は、後で詳しく見るように、ヴェーバーの挿入した引用文とウェスレーの原文との違いは単なる誤記では済まされないものであり、研究者としてのヴェーバーの質が問われる深刻な問題だというものでした。(10) ヴェーバーは、ウェスレーの説教文を「倫理」テーゼを補強するパッチ（継ぎはぎ）として自信を持って挿入しましたが、皮肉にも後にはそれが「倫理」テーゼ全体への信頼を突き崩す恐れのあるものとなりました。この点を理解するためにも、次に、メソジスト運動とはどのような運動であったのかをとらえ、そしてウェスレーの経済倫理を確かめてみます。

二　メソジスト運動とジョン・ウェスレーの経済倫理

（一）メソジスト運動

十八世紀半ば、オックスフォード大学リンカン・カレッジのフェローかつ英国国教会司祭であったジョン・ウェスレーは、ブリテン諸島各地への巡回を開始し、各地の福音的な信仰者と協力して宗教上のヴォランタリ・ソサエティの設立を始めました。彼は、これをメソジスト・ソサエティ（協会）と呼び、それらをメソジスト連合協会と呼ばれる一つ組織（コネクション）にまとめあげます。ウェスレーが作ったメソジスト・コネクションの

（7）「倫理」二六二頁。
（8）「倫理」三五二頁。
（9）「倫理」二六三頁。梶山・大塚訳では、「メソジズムもこの職業観念を発展させた点では他の禁欲的諸派とまったく異ならず、その影響もまったく同じであった」とある。
（10）岸田紀『ジョン・ウェズリ研究』ミネルヴァ書房、一九八五年。

活動は、イングランドをはじめスコットランド、ウェールズ、アイルランド、コーンウォール、マン島、ワイト島、チャネル諸島、オランダ、さらには大西洋を越えてカリブ海の島やアメリカ東海岸などにまで及びました。この組織の集会や出版活動を通じて、ウェスレーは教派の違いを問わず、また貧富の差を超えて、あらゆる人々を対象に福音を語り、キリスト者としての生き方を指導しました。一般的にイギリスの初期メソジスト派というと産業革命期の賃金労働者とのイメージを持たれがちですが、それは一面的な見方です。十八世紀の会員は、六割ほどが女性でした。残りの四割を占める男性会員の職種は、主に職人でした。メソジスト・ソサエティの会員や協力者には、貴族をはじめ富裕な商人や貿易商、政治家や役人、軍人、国教派・非国教派の指導者、学者や教師、劇場支配人、農業経営者や農業労働者、各種使用人などあらゆる層の人々がいました。出身国や民族も多様で、フランスから移住してきたユグノーやドイツからの亡命者であるプファルツ人なども入会し活躍しています。会員数の点では、十九世紀半ばのイングランドに関しては成人人口中四・四パーセントがメソジスト会員となっていたとのデータがあります。(11) 正式な会員にならずメソジスト派に関係していた人々がその三倍存在したという説もありますので、イングランド社会に大きな影響力を与えた一大宗教運動であったことは容易に想像できます。

メソジスト連合協会は、その名が示す通り本質的に教会（チャーチ）ではなく、会員証（クラス・チケット）の発行によって入会を許可される協会（ソサエティ）です。「迫りくる神の怒りから逃れたい」との願いがあれば、原則として、教派を問わずすべての人々に入会が許されていました。日曜日には各自が属している教派の礼拝や集会に出席し、ソサエティ自体の活動は基本的にはウィークデーになされました。ウェスレーは各地の協会をさらに十数名ほどの小さなクラス（組会）に細分し、それらのクラスが毎週開く家庭集会をメソジスト運動の中心的な活動とみなしました。「産業革命」期にイギリス各地で都市人口が十万、二十万……と急増した際も、メソジスト派はクラス単位での家庭集会を通じて容易に人々を運動に取り込むことができました。各クラスのクラス・リーダーは聖職者ではない一般信徒が担っていて、リーダーはウェスレーの定めた規則や教えに従って、互いに祈り合い、ともに讃美歌を歌い、信仰を励まし合うようにクラス・メンバーを指導しました。ウェスレーの定めた規則や教えに従わない会員は、新しい会員証を与えられず、速やかにソサエティから排除されていきました。ウェスレーの死後、メソジスト派は徐々にチャーチ的性格を帯び教会化していきます。しかし、メソジスト派本流のウェスレアン・メソジスト派をはじめメソジスト派は、十九世紀全体を通じて、自分たちの存在をすべてのキリスト教徒の信仰のために奉仕するヴォランタリ・ソサエティであると考えていました。

では、このヴォランタリ・ソサエティを通じて、人々はどのような指導をジョン・ウェスレーから受けたのでしょうか。メソジスト派の創設者であり指導者であったウェスレーは、儀式や伝統を重んじるカトリック的要素を高く評価する英国国教会高教会の信仰を自身の信仰の土台としました。三十歳代半ばのウェスレーは、ドイツ敬虔主義派との交流やルターの著作の学びのなかで、十字架による贖罪の福音を信じる個人的な信仰体験をします。その体験後しばらくして、ウェスレーは各地を巡回し福音を説き始めます。そして、彼から信仰指導を受け続けたいと願う人々のために、前述のように、各地にソサエティを設立しました。ソサエティ設立後、ウェスレーは、神の愛に満たされて罪のない者とされる「キリスト者の完全（聖化・聖潔）」を味わったと主張する人々に接します。彼らへのインタビューなどを通して「キリスト者の完全」をすべての人々が獲得できると確信したウェスレーは、聖化に生きる信仰指導に力を入れ始めました。また、聖霊の働きをウェスレーは重視していました。罪の自覚・悔い改め・義認・新生・聖化の信仰的成長のどの段階においても聖霊の働きが不可欠であるとの理解から、聖霊が各人の心に働きやすくなるための手段（「恩寵の手段」）として祈ること・聖書を学ぶこと・神を礼拝すること・善き業を行うことを人々が絶えず行うよう指導しました。父サムエルと母スザンナはピューリタンの家系の出身であり、ウェスレーはこの両親を通してピューリタンの影響も少なからず受けています。[12] 研究者た

（11） 山中弘『イギリス・メソディズム研究』ヨルダン社、一九九一年、三七頁。

ちは、メソジスト運動が非国教徒にも開かれていたことや女性を指導者として採用していたことなどに、ピューリタンの影響を指摘します。メソジスト・ソサエティにおいてウェスレーは、神の愛に基づく「救いの確信」と「キリスト者の完全」を信仰の核とし、英国国教会高教会派・ドイツ敬虔主義・ルター派・ピューリタンなどの諸要素を取り入れた信仰生活を指導し、そして自らもその実践に努めました。[13]

(二) ジョン・ウェスレーの経済倫理

このようにキリスト教各派の異なる要素を取り入れてメソジスト運動を指導したウェスレーは、どのような経済倫理を持っていたのでしょうか。以下、十六世紀以降のイギリスのキリスト教指導者の経済倫理を入念に調べてウェスレーの経済倫理の系譜を検証した岸田紀氏の研究成果をもとに、「倫理」論文と関係する点に絞って、ウェスレーの経済倫理の特徴を確認してみます。

岸田氏は、ウェスレーの経済倫理が、英国国教会高教会的な教会論・国家論と不可分であると指摘します。ヴェーバーが引用したウェスレーの説教文の原文は、『メソジズム論』という論文がその典拠ですが、その論文執筆の前年、ウェスレーは公開書簡を通し、彼自身の国家論・教会論を披歴しています。それによると、ウェスレーは、王権神授説と対になる「絶対的服従と無抵抗」の教義を信奉しています。王権の神授の立場をとるウェスレーの信念は、彼が一七六八年のウィルクス事件や一七七二年のジュニアス書簡事件で王への支持表明したり、また、一七八九年のフランス革命勃発時でも王への忠誠を示したりしていることにもあらわれています。[14]また、ウェスレーは、教会と国家との「有機体的統一体」を唱える高教会派の教義を信奉していました。岸田氏は、ウェスレーの国家論・教会論・救済論が、ピューリタン革命期の王党派の高教会人ジェレミー・テイラー(一六一三―一六六七年)や、臣従拒誓派高教会人であるロバート・ネルソン(一六五六―一七一五年)やジョージ・ヒックス(一六四二―一七一五年)やウィリアム・ロー(一六八六―一七六一年)のものに連なる系譜にあることを、彼らの著作を分析することで確かめました。ウェスレーの経済倫理とヴェーバーの「倫理」テーゼとの議論で要となってくる、ウェスレーの「慈善」倫理もこの系譜の中に見ることができます。「新ピューリタン」「近代ピューリタン」とも言われるこの系譜は、ヴェーバーの言うところの天職観念の発展に貢献した「ピューリタン的」「カルヴァン的」な経済倫理ではなく、むしろその対極の「伝統的」「ローマ・カトリック的」「ロード派的」と評される経済倫理と固く結びついていました。(15)

ウェスレーの経済倫理を支える救済論では、「慈善」倫理が欠かせない要素です。その「慈善」倫理では、神の審判での個々人の最終的な救いの証明にとって、「貧者」への「施し」が重要なものとされています。「プロテスタント的」「カルヴァン的」な経済倫理では貧者への「施し」は救いにとって不要とされているのとは、対照的です。「カルヴァン的」立場の視点では、「貧者」は神に呪われた者であるのに対して、「伝統的」・「ローマカトリック的」な「慈善」倫理の思想体系では「貧者」は「施しの対象」であり、「愛による完全」・「キリスト者の完全」の教えでは貧しい隣人への「施し」は救いを証明する不可欠な行為となります。(16)岸田氏は「施し」をせ

(12) 岸田、前掲書、三一五頁。自分自身の信仰生活を検証する「自己審査」のための日記などから、ウェスレーの規則的生活は一見ピューリタンの禁欲的信仰体系に属すように見えるが、実際はこれとは別個の、高教会派の「自己審査」の系譜に属すと岸田氏は論じる。

(13) 次の文献は、ウェスレーとメソジスト運動を概観するのに役立つ。Richard P. Heizenrater, *Wesley and the People called Methodists*, Nashville, 1995. Richard P. Heizenrater ed., *The Poor and the Called Methodists 1729-1999*, Nashville, 2002. 清水光雄『民衆と歩んだウェスレー』教文館、二〇一三年。野呂芳男『ウェスレー』清水書院、一九九一年。馬渕彰「ウェスレーとピューリタン」『ウェスレー・メソジスト研究』日本ウェスレー・メソジスト学会、四、二〇〇三年。

(14) 岸田、前掲書、三四二—三四四頁。

(15) 岸田、前掲書、三〇二頁。十六世紀・十七世紀の「ピューリタン」とは異なり、十八世紀にあって「伝統主義的」な「慈善」倫理体系を熱心に主張し、実践しようとした。

ず「勤労、節約」のみの実践者は、「それ以前の状態よりも、二倍も地獄の子になるだろう」とのウェスレーの主張に言及して、ウェスレーの説いた経済倫理での「勤労、節約」の規則は、カルヴィニストの「職業」倫理における「勤労、節約」と同一の「生産力的エートス」、「資本主義的エートス」として機能したとは考えられないと断じています。職業労働（「特殊的召命」）を救いの条件に入れた、エリザベス朝のカルヴィニストのピューリタンであるウィリアム・パーキンズ（一五五八―一六〇二年）とは異なり、高教会的国家論・教会論・救済論の系譜に連なるウェスレーの経済倫理は、「施し」を含む「慈善」を重視し、「勤労」「節約」「施し」の三つが揃ってこそ成り立つものでした[17]。岸田氏は、ウェスレーの経済倫理において以上述べてきた諸々の要素が互い互いを支え合う不可欠・不可分なものであったことを、次のように記しています。

「換言すれば、『メソジズム論』の核心をなす、問題の『できるかぎりかせぎ、節約し、施せ』の『原則』は、同時期にしめされた、教会と国家における高教会的な『有機体的統一体』論者としてのウェズリとは不可分である。ウェズリの『キリスト者の完全』の『完全な愛』の倫理も、またメソジストなる名称の由来するウェズリの『方法』も、この『有機的統一体』の倫理また『方法』であるのと同時に、ウェズリの生涯に一貫する、その有名な『勤労、節約、施しによる慈善』の『規則』も、まさしく『統一体』の『規則』であったのである[18]」。

ウェスレーの経済倫理は、あたかも複数の薄いガラスパネルから成る球体のガラス細工のようなもので、そのどれか一つのガラスパネルを欠けばすべてがもろく崩れ去るような精巧でデリケートなものであったと例えることができるかもしれません。では、高教会的な国家論・教会論・救済論の上に成り立っていた「伝統的」・「ローマ・カトリック的」な経済倫理に基づくウェスレーの説教を、一九二〇年版の「倫理」論文は、「ピューリタン的」職業労働を論じる「倫理」テーゼを補強するパッチとしてなぜ使用することができたのでしょうか。岸田氏によれば、ヴェーバーは、ウェスレーのものとは別の経済倫理体系をウェスレーの説教に読み取ろうとした結果、ヴェーバー自身の解釈にあうように現実を捻じ曲げたのだと結論付けました。

三　「倫理」論文のなかの「間違い」

（一）「理念型」のための単純化

ヴェーバーは、当時彼が入手できた同時代の優れた研究論文や書物からヒントを得ながら、いくつかの「理念型」を作り上げ、それらの「理念型」を用いて社会を分析するという社会学的な手法をとっています。「理念型」を形成する際、個々の歴史的人物や諸団体の特徴のうち「理念型」に不要なものは削ぎ落されています。メソジスト派の記述についても、ジョン・ウェスレーやメソジスト派が持っていた多種多様な諸要素から、ヴェーバーが彼の「理念型」にとって不要だと判断したものを大量に削り去っています。その反対に、彼の「理念型」形成に必要と思った一部の要素を、ヴェーバーは過度に強調したりもしています。このように「倫理」論文で描

(16)　岸田、前掲書、三三七頁。エリザベス朝のカルヴィニストのピューリタンであるパーキンズの「特殊的隣人愛」とウェスレーらの「普遍的隣人愛」とは異なる。パーキンズにとっては、囲い込みによって追い出された貧者であっても、社会にも教会にも属さない流浪の貧者は「身体から腐れ落ちた手足」に等しい「呪われた者」たちだった。

(17)　梅津順一『近代経済人の宗教的根源』みすず書房、一九八九年、二九三頁。ウェスレーの経済倫理が勤労・節約・施しの三原則から成っていたとする岸田氏の解釈に、梅津氏も同意。

(18)　岸田、前掲書、三五〇頁。

かれているウェスレーやメソジスト派の像は、ヴェーバーによって単純化（あるいは純化）という加工が施されたものです。

たとえばウェーバーは、ウェスレーに対して「魂の救済以外に興味のない人物」といった非常に単純な人物像をあてています。ヴェーバーは、諸教団の建設者や代表が「世俗的財貨の追求を自己目的とし、それに倫理的価値を認めた、などというふうにはとうてい考えがたい」とし、ウェスレーもその中に加えて次のように論じています。「彼らは決して、『倫理的文化』を目標とする団体の創設者でもなかったし、また人道主義的な社会改革運動やそうした文化理想の代表者でもなかった。彼らの生涯と事業の中心は魂の救済であり、それ以外にはなかった」[19]。確かに、ヴェーバーが記すように魂の救済がウェスレーの生涯や事業の中核であったと解釈することは、間違いとはみなされないでしょう。しかし、ウェスレーの生涯と事業が魂の救済以外になかったとも読み取れるこの文章は、今日のウェスレー研究の水準からすれば強い反論を受けることと思います。ウェスレーの『日誌』やウェスレーの生涯についての研究書を用いて少し詳しく調べるだけで、ウェスレーと彼の生涯に関する印象はヴェーバーのものとは異なってきます。

メソジスト派の記述に関しても、メソジスト派の内部対立や、メソジスト派の組織形態や国教会・非国教派への姿勢などの時代の変化に伴う変容を、「倫理」論文は問題にしていません。また、スコットランドやウェールズ、アイルランド、イングランドなどの地域ごとに異なる同派の特徴や、工業地帯と農業地帯との間でのメソジスト派のコミュニティの特徴の違いや、国教会が強い教区と非国教会が強い教区でのメソジスト派の異なる扱われ方などといった歴史的実態へは、ヴェーバーは全く注意を払っていません[20]。

今日のメソジスト史研究が共有する歴史的実態に照らし合わせれば、ヴェーバーが描いたウェスレーやメソジスト派の像は、数々の「間違い」だらけだと指摘されても仕方ないです。しかし、この種の「間違い」を理由に、短絡的に「倫理」テーゼを学術的に評価に値しないものと捨て去ることはできません。なぜならば、ヴェーバーは、歴史学などの従来の学問の手法では明らかにできないものを過去の世界から抽出するために、独自の「理念型」を作成し、そのために複雑な歴史を意図的に単純化・純化させたと主張しているからです。絵画で例えるならば、写実的画法には不可能なものを表現しようとしたピカソのキュビスムの画法に似ています。キュビスムの挑戦を、写実的画法の評価基準に照らし合わせて無価値とすることは滑稽だと思います。

(二) 誤記や不正確な要約

ウェスレーやメソジスト派の歴史的実態の一部のみ強調したために生じた「間違い」とはタイプの異なる「間違い」が、「倫理」論文のなかに散見されます。それは、ヴェーバーが参考資料を「倫理」論文に引用した際に生じた、誤記や誤訳や不正確な要約と思われる種類の「間違い」です。

たとえば、ヴェーバーはH・S・スキーツの書物を典拠に記した箇所で、「ジョン・ウェズリーはときにこの点を強調して、クエイカーであれ、長老派であれ、高教会派であれ、どこでも教理を信じなければならないが、ただメソジスト派だけではそうではない、というふうに言った」と記しています。メソジスト派も当然信じるべき教理を持っていましたので、そのことを知っている者にとっては「倫理」論文のこの箇所は理解に苦しむ内容となってしまっています。この問題の原因は、要約の不正確さだけでなく、スキーツの英語原文の opinion にヴェーバーがドイツ語の Dogmen をあてたためです。[21] もとの文章では、メソジスト派はある特定の教理や礼拝様式などでの一致した見解を持つことを強要しなかったといった文章です。日本語訳もヴェーバーの訳に影響されて、

(19)「倫理」一三三―一三四頁。

(20) 予定説をとるホイットフィールドが率いたメソジスト派や、アメリカの黒人たちのメソジスト派への言及はあるが、同派の一般化への問題としては特に論じていない。「倫理」二六〇、二六二―二六三頁。

(21)「倫理」二六一頁。Herbert S. Skeats, *History of the Free Churches of England, 1688-1851*, London, 1869, pp. 387-388.

「教理」という言葉を用いる結果となってます。

また、ヴェーバーはワトソンの書を典拠とした箇所で、「ウェズリー自身はときおり行為を恩恵の『条件』とよび、一七七一年八月九日の宣言の中でも、良き行為（わざ）をおこなわぬ者は真の信者でないことを強調した」と記しています。これも、正確さに欠けます。この宣言書の強調点は、「業による義認」をメソジスト派が説いていないことです。(22)

前述のように、ヴェーバーは教義に関する記述を「セカンド・ハンド」に頼っており、「私はただ、記述を切りつめたための不正確な要約におちいっていないことを、また少なくとも実質的に甚だしい誤解を免れていることを願うほかはない(23)」と「間違い」が生じる可能性を正直に認めています。しかし、これらを資料の使用中に生じた単なる誤記や間違いであり、「倫理」テーゼにとっては特に問題がないものとして看過してよいのか、それとも、ヴェーバーが意図的に改変していたとし、彼の資料の用い方を問題視すべきなのか。これらのどちらで捉えるべきかの判断を下すのは非常に難しいです。この種の問題が激しく議論された箇所が、一九二〇年の「倫理」論文で新たに挿入されたウェスレーの説教文の引用箇所です。

（三）単なるミス・意図的改変・「概念加工」

まずは、「倫理」論文に掲載されたウェスレーの説教からの引用文全文とそれに続くヴェーバーの解説の一部を見てみます。

「『私は懸念しているのだが、富の増加したところでは、それに比例して宗教の実質が減少してくるようだ。それゆえ、どうすればまことの宗教の信仰復興《リヴァイヴァル》を、事物の本性にしたがって、永続させることができるか、それが私には分からないのだ。なぜかといえば、宗教はどうしても勤労（industry）と節約（frugality）を生み出すことになるし、また、この二つは富をもたらすほかはない。しかし、富が増すとともに、高ぶりや怒り、また、あらゆる形で現世への愛着も増してくる。だとすれば、心の宗教であるメソジストの信仰は、いまは青々とした樹のように栄えているが、どうしたらこの状態を久しく持ちつづけることができるだろうか。どこででも、メソジスト派の信徒は勤勉になり、質素になる。そのため彼らの財産は増加する。すると、それに応じて、彼らの高ぶりや怒り、また肉につける現世の欲望や生活の見栄も増加する。こうして宗教の形は残るけれども、精神はしだいに消えていく。純粋な宗教のこうした絶え間ない腐敗を防ぐ途はないのだろうか。人々が勤勉であり、質素であるのを妨げてはいけない。われわれはすべてのキリスト者に、できるかぎり利得するとともに、できるかぎり節約することを勧めなければならない。が、これは、結果において、富裕になることを意味する』。(これにつづいて「できるかぎり利得するとともに、できるかぎり節約する」者は、また恩恵を増し加えられて天国に宝を積むために、「できるかぎり他に与え」ねばならぬ、という勧告が記されている。)――これは、見られるとおり、どの一つをとってみても、すべてわれわれが解明してきたことがらにほかならない」。

岸田氏は、この引用文の中に原文とは異なる二箇所の「間違い」を特に指摘し、ヴェーバーの意図的な改変を疑いました。第一は、ウェスレーの説教の強調点が「貧者への施し」ではなく「富の蓄積の奨励」であったと誤

(22)「倫理」二五七と二六〇頁。Richard Watson, *the Life of John Wesley*, London, 1831, pp. 255-256. ヴェーバーが典拠にしたのは、次のドイツ語訳。Das Leben Johann Wesley's, nebst einer Schilderung des Methodismus und seiner Anhänger in Großbritannien und Irland. Beitrag zur christlichen Religions – und Kirchen-Geschichete. Nebst einem Vorwort von L. Bonnet. – Frankfurt a. M. ; Siegmund Schmerber 1839.

(23)「倫理」一四二―一四三頁。

解されるような変更がなされている箇所です。前述のように、ウェスレーは「勤労」「節約」「施し」の三つから成る経済倫理にそって、この説教でも「できるかぎり稼ぎ、できる限り節約し、できる限り施せ」の教えを説いています。ウェスレーは、メソジスト会員の富の増加にともない会員たちの信仰が失われつつあることを憂い、純粋な信仰の維持への唯一の有効な手段として、彼の経済倫理の一要素である「できる限り施せ」の教えを会員たちが実践するように訴えます。しかし、「倫理」論文では、「できる限り施せ」の部分が引用文の本文から切り離され、その引用文の後に括弧の中に入れられ補足的に触れられているだけとなっています。これでは、「できる限り施せ」の実践をうながすことがこのウェスレーの説教の核心であったことを、読者は知る由もありません。原文では、岸田氏の訳出によれば、次のようになっています。

「われわれは、すべてのキリスト者に、できるかぎりかせぎ、できるかぎり節約することを勧めねばならない。すなわち、それは結果において、富裕になることである！　そこで（私はもう一度問うが）、われわれの富がわれわれを地獄の底へ沈めないように、われわれはどんな方法をとることができるであろうか。それ以外の方法は、この世にはない。できるかぎりかせぎ、できるかぎり節約する人びとが、同様に、できるかぎり施すならば、かれらは、かせげばかせぐほど恩恵を増し加えられ、またそれだけ天国に宝をたくわえるであろう[24]」。

岸田氏が参照した梶山・大塚訳では、「施し」へのウェスレーの訴えがもっと薄れてしまっています。その訳では、「われわれは、すべてのキリスト者に、できるかぎりかせぎ、できるかぎり節約すること、すなわち、結果において、富裕になることを勧めねばならない」となっています[25]。また、このウェスレーの説教文には、強調されていた特別な語句があります。英語原文ではイタリック、ドイツ語の「倫理」論文ではゲシュペルト、日本語訳では傍点でそれらの語句が示されていますが、ウェスレーの原文と「倫理」論文とを比べると強調されている語句が明らかに違います。また「倫理」論文ではコロンの位置も英語原文と異なっていました。岸田氏は、これらもヴェーバーが自分のテーゼに都合の良いようにウェスレーの説教を加工した証拠とみなしました。(26)

第二は、ウェスレーの国家論・教会論・救済論と不可分であった「カトリック的」・「伝統的」経済倫理に基づいた説教に、ヴェーバーはそれと全く異なる「ピューリタン的」・「プロテスタント的」経済倫理を読み込ませようとしたのではないか、という点です。「こうして宗教の形は残るけれども、精神はしだいに消えていく」と「倫理」論文ではなっている箇所が、原文では「こうして宗教の形は残るけれども、その精神はただちに消え失せるのである」となっています。ウェスレーの原文でも、また（ヴェーバーが註で挙げている）サウジの引用文で

---

(24) 岸田、前掲書、二一頁。

(25) 岸田氏の研究書（初版は一九七七年。二刷は一九八五年）は、梶山・大塚共訳版（一九五四年。一九三八年梶山訳の改訂版）を使用している。

(26) 岸田氏によれば、ウェスレーの英語原文は次の通り。'Is there no way to prevent this? This continual declension of pure Religion? We ought not to forbid people to be diligent and frugal: we *must* exhort all Christians, to gain all they can, and to save all they can: that is, in effect, to grow rich! What way then (I ask again) can we take that our money may not sink us to the nethermost hell? There is one way, and there is no other under heaven. If those who *gain all they can*, and *save all they can*, will likewise *give all they can*, then the more they gain, the more they will grow in grace, and they more treasure they will lay up in heaven.' また岸田氏が用いた梶山・大塚訳は次の通り。「純粋は宗教のこのたえまない退廃を防ぐ方法は、なにもないのであろうか。われわれは、人びとが勤労で節約であるのを、妨げるべきではない。われわれは、すべてのキリスト者に、できるかぎりかせぎ、できるかぎり節約すること、すなわち、結果において、富裕になることを勧めねばならない」。（この文章の次に、「できるかぎりかせぎ、できるかぎり節約する」人びとは、恩恵を増し加えられ、天国に宝をたくわえるために、同様に「できるかぎり施さ」ねばならぬ、との勧めが続く。）岸田、前掲書、二〇―二一頁。'Thoughts upon Methodism' in John Wesley, *The Works of John Wesley*（以下 *Works* と略す）, 14 vols., (Michigan, 1986) Rep. from the 1872 edition issued by Wesleyan Methodist Book Room, London, Vol. XIII, pp. 260-261 は、岸田氏の示す英語原文とは一部異なる。

も「ただちに（swiftly）」となっていますが、ヴェーバーは「しだいに（allmählich）」に変えています。ウェスレーの「伝統的」・「ローマカトリック的」な「慈善」倫理の思想体系では、「貧者」は「施しの対象」であり、「愛による完全」・「キリスト者の完全」の教えの中では貧しい隣人への「施し」は救いを証明する不可欠な行為となります。ウェスレーの経済倫理は、彼の信奉する国家論・教会論そしてそれらに連なる救済論の諸要素とが互いに互いを支え合うものとして成り立っていました。完全な愛に基づくウェスレーの経済倫理では、貧者への施しはそれを欠けば「ただちに」すべてを崩壊させてしまう重要な一要素でした。ウェスレーの説教の語を「ただちに」から「しだいに」へと変えたことは、ヴェーバーがウェスレーの経済倫理を理解できていなかったためか、あるいは「プロテスタント的」職業労働についての自説に適合するように捏造したためか、あるいはそれらの両方であったのかが問われます。岸田氏は、ヴェーバーが自身の「倫理」テーゼに適うようにウェスレーの説教の文章や言葉を改変し、ウェスレーの経済倫理を富の蓄積を肯定するプロテスタント的なものへ捻じ曲げ、「概念的操作（加工）」を施したのだと結論付けました。

一九〇五年の「原論文」での「倫理」テーゼを補強するために、イギリスの学者アシュリーからのアドバイスを受けてヴェーバーが一九二〇年の「倫理」論文で新たに挿入した文章が、かえって彼のテーゼの信憑性を疑わせる一因となりました。[27] ウェスレーの説教の引用文について「概念的操作」がなされていたとの指摘は、ヴェーバーのウェスレーとメソジスト派の理解に関連する問題だけにとどまらず、「倫理」テーゼ全体の可否が問われる問題へと発展しました。史料の「概念的操作」によって「倫理」テーゼの学問上の意義が完全に崩れ去ったのか、あるいは、この問題にもかかわらず「倫理」テーゼの大筋はまだ支持することができるのかといった点も論じられました。後者の立場をとった研究者に、鈴木良隆氏や梅津順一氏がいます。梅津氏は、岸田氏が指摘した二箇所とも多少の問題はあるとしても、テーゼの論旨にとって問題はないとの結論を下しています。梅津氏は、「できるかぎり施せ」を括弧内に移した引用文の打ち切り方については、ウェスレーの勧告の真意が伝わらないから不親切であるけれども、ヴェーバーの立場とは矛盾しないとし、また「しだいに」についても、確かにヴェーバーの誤りだけれども、全体の論旨の取り方に大きな変更がないため特に問題なしとしています(28)。つまり、ウェスレーの引用文に明らかな「間違い」があったとしても、「倫理」テーゼそれ自体には何ら問題がないとの立場をとることを可能とさせる解釈が存在しています(29)。

ウェスレーの説教をめぐるこの論争では、「倫理」テーゼやその「理念型」の形成で用いた史実の単純化をどこまで許容できるのか、また資料の改変をどこまで許容してよいのかといった許容の範囲が争われています。極論として、歴史学など従来の学問の手法では把握できない「何か」を示すために意図的に行ったヴェーバーの試みといったものに最大限の敬意を払った場合、単純化や改変の許容範囲を問うこと自体無意味になるのかもしれません。それは、先述のように、ピカソたちのキュビスムの挑戦を写実的画法の価値や基準に照らし合わせて評価しようとするのと同様に、手法の異なる研究者間の見解の擦れ違いに終わることが最初から定まっているような争点なのかもしれません。

---

(27)「倫理」三五四頁。ヴェーバーが参照せよと促している次の文献には、非国教派一般についてのみで、ウェスレーに関する記述はない。W. J. Ashley, 'Birmingham Industry and Commerce', reprinted from *the Handbook of the British Association for the Advancement of Science Birmingham Meeting 1913*, Birmingham, 1913.

(28) 梅津、前掲書、二九一―二九四頁。梅津順一『ヴェーバーとピューリタニズム――神と富との間』新教出版社、二〇一〇年、四二九頁には、「〔ウェスレーは〕合理的職業労働が敬虔を失わせることがないように、現実に与えられた富を、神と人との為に用いることを勧めたのである」との説明がある。

(29) 信仰の衰退のタイミングを、「しだいに」に近い意味で論じているような記述が日誌などで見られる。一七八五年四月二五日付の『日誌』では、アイルランドのオークリム（Aghrim or Aughrim）の協会の衰退について、次のように記す。'Such is the baleful influence of riches! The same effect we find in every place. The more men increase in goods (very few excepted,) the more they decrease in grace.', Wesley, *Works*, Vol. IV, p. 303.

岸田氏の研究は、ヴェーバーがウェスレーの経済倫理を間違って「倫理」論文で用いていたことや、ウェスレーの文章をヴェーバーが加工したということを問うということで優れた研究業績をのこしました。しかし、岸田氏の研究書は、「カトリック的」・「伝統的」経済倫理に基づくウェスレーの指導を受けた人々がその経済倫理をどう理解し、またどのようなに実践したかという歴史的実態と照らし合わせるといった調査にまでは踏み込んでいません。「倫理」テーゼの支持者は、この点で岸田氏への反論を試みています。そこで、最後に、十八・十九世紀イギリスの歴史を中心にメソジスト派会員の歴史的実態について検討・分析してみます。

四　メソジストと呼ばれた人々の歴史

(一) メソジスト史研究の進展

「倫理」論文執筆の第一目的は、歴史学的手法を用いた歴史的実態解明のための実証的分析ではなく、事典や二次資料など「セカンド・ハンド」に多くを頼りながら、歴史の織りなす無数の縦糸と横糸の中にプロテスタンティズムの倫理と資本主義の精神の親和性を示す一本の横糸を指し示すことでした。そのため、ヴェーバーが「倫理」論文が歴史の実態にそったものであると主張していたとしても、その歴史的実態とは複雑な過去の世界を理解しようと歴史学者が多種多様な膨大な量の史料の分析と格闘した末にたどり着いた実態といったものを意味していません。他方、歴史研究者たちは、「倫理」論文発表の一九二〇年の前にも後にも、各種の膨大な数の史料の分析を通じてメソジスト史研究の優れた書物や論文を著してきました。第二次世界大戦後には、E・P・トムスンやハイツェンレイター、ヘンプトンなどをはじめ多くの学者が新たな視点を活かして優れた研究を次々と発表し、ウェスレーやメソジスト派の歴史理解に新たな光をあてました。[30] このような著名な学者による研究以外にも、イングランドやアイルランド、スコットランド、ウェールズの各地にメソジスト史の研究会があり、その会に所属する郷土史家たちもそれぞれの地の歴史を調査・整理し、地域色豊かなメソジスト史の歴史像を著し続けています。(31)

歴史研究者にとっては、先にも触れたように、ヴェーバーの描くような「(ウェスレーの) 生涯と事業の中心は魂の救済であり、それ以外にはなかった」といった類の紋切り型のジョン・ウェスレー像は、もはや古臭く感じるようになってしまっています。オックスフォード大学出身で同大の研究員・教員でもあったウェスレーは、キケロやウェルギリウスなど古代古典やジョン・ダンやシェークスピアやミルトンなどの近代文学作品を生涯を通じて好んで読んでいます。一七七八年六月二五日付の日誌では、ウェスレーは古代アテネのクセノフォンの書を読み、彼をクリスチャン以上の品性に達していると評価しています。(32) また、近代科学の刺激も受け、各種の科学論文やヴォルテールなどの啓蒙思想家の書を読み、自らも科学実験を試したり、啓蒙思想家の著述への批判を書き残したりしています。(33) また、各地を巡回した際には景観の良い場所や珍し地形や史跡などを訪れ、日誌に細々

(30) E. P. Thompson, *The Making of the English Working Class*, London, 1968. Richard P. Heizenrater, *The Elusive Mr. Wesley*, 2 vols., Nashville, 1984. D. Hempton, *Methodism and Politics in British Society 1750-1850*, London, 1984.

(31) イングランド、ウェールズ、スコットランド、アイルランドのメソジスト史の概説は、次のものを参照。Gordon Rupp, (ed.), *A History of the Methodist Church in Great Britain*, Vol. 3., Epworth Press, 1983. また Vol. 4 には Clive D. Field が編纂したメソジスト研究の Bibliography があり、地方史も含め一九八五年までの書籍・論文を把握できる。一九八六年以降は、The Wesley Historical Society の学会誌 the *Proceedings of the Wesley Historical Society* が毎年付録の別冊で出している各年ごとの Bibliography などで調べることができる。

(32) Wesley, *Works*, Vol. IV, p. 130.

(33) ウェスレーは、メソジスト派指導者・説教者・会員が読むべきものとして、パスカルの実践神学、パーソンの教父学、医者チェインの医学、自然哲学、天文学、歴史、ミルトンの詩、アウグスティヌスの『告白録』、ギリシア散文のエフライム、

と感想を残しています。また、自らもフルートを練習したり、音楽家の甥の演奏を聞いたり、ヘンデルなどの当時の作品にも接するなどして音楽を嗜んでいました。また、政治や社会問題を論じ、医学や健康管理に熱心で、捕虜となったフランス兵や監獄の囚人たちなどへの各種の慈善活動にも積極的に取り組んでいます。

また、イギリスのメソジスト派会員については、一九六〇年代・一九七〇年代に激しかったアレヴィ・テーゼ論争の直接・間接的影響によって、「メソジストと呼ばれた人々」の歴史的実態の解明が飛躍的に進みました。ヴェーバーの「原論文」や「倫理」論文が発表されたのとほぼ同じ頃、フランスの哲学者E・アレヴィが、政治的安定とキリスト教の関係を扱ったテーゼを発表しました。アレヴィのテーゼは、十九世紀ヨーロッパの各地で革命や暴動が頻繁に生じていたのとは対照的に、当時のイングランド社会が政治的に安定し革命を逃れることができたのはメソジスト派の影響がブルジョアや賃金労働者の双方に浸透した結果であったとの主張でした。

メソジスト派研究者を中心に、このアレヴィ・テーゼを肯定する数々の研究がなされました。十八世紀後期から十九世紀半ばの工業化の進むイギリスにおいて、ウェスレーのアルミニアニズム的神学がブルジョアと賃金労働者に自己改善や社会改良への思いを与え政治改革運動や労働運動の発展に貢献したこと、メソジスト派特有の組織形態が政治改革や諸労働運動の諸団体に採用されていたこと、メソジスト派のクラス集会が労働者に組織運用能力をつけさせ政治改革・労働運動の多くの指導者を輩出していたこと、メソジスト派説教者による人々の罪と救いの希望を説く説教の手法が政治改革・労働運動で社会の悪と将来の社会の希望を訴え大衆を扇動する技法に用いられていたこと、メソジスト派の讃美歌が労働運動での共闘を支える歌に転用されていたこと、といった点を指摘する数々の研究がアレヴィ・テーゼ発表後になされました。これらの研究は、メソジスト派が政治改革運動・労働運動の「祖」であったため、フランスなどの革命家や民衆と異なり、イギリスの政治改革運動や労働運動を支えた人々が、既存の制度や政府に反抗的であったものの、社会の秩序を守り、敬虔な信仰を持っていたとするアレヴィのテーゼを擁護しました。一九六〇年代、マルクス主義的歴史家のホブズボームやE・P・トムスンがアレヴィ・テーゼの否定や修正を訴える研究を発表すると、テーゼ擁護派と批判派との論争が激化しました。アレヴィのテーゼをめぐって繰り広げられた一九六〇年代以降の論争により、歴史学をはじめ神学や政治学、経済学、宗教学など多岐にわたる学問領域においてウェスレーやメソジスト派の実態解明の分析がなされました。[34]

この論争を経て、ヘンプトンはメソジスト派の会員は、地域や職業や教育などで異なる影響を受けているため、一つのメソジストではなく異なる「多くのメソジスト」がいるという点を強調しました。[35] 同様なことを、E・P・トムスンも、メソジスト派の歴史的役割については一般化ではなく、年単位ではなく月単位、州単位ではなく町村単位など小さな単位で研究する必要をすでに指摘していました。[36] また、別の学者は、一部のメソジスト派地方組織がメソジスト派の中央組織や指導層に従わず独自の活動を展開していた実態を示し、メソジスト派の統制力の弱さを指摘しました。[37] 二十世紀のことですが、文化人類学の調査によって、ある地方のメソジスト派の会員たちがその地の古い言伝えや迷信と混交した信仰生活を実践していた実態も明らかにされました。

マカリオス等を挙げる。また、女性会員に、数学、地理学、論理学、倫理学、自然科学、歴史、ロック、ブラウン、マルブランシュの哲学、シェイクスピア、パーソンの教父学などを読んで勉強することを勧めている。清水光雄『ウェスレー思想と近代――神学・科学・哲学に問う』教文館、二〇一七年、六〇頁。

(34) E. Halévy, *The Birth of Methodism in England*, 1905-6, tr. by B. Semmel, Chicago, 1971. E. Halévy, *England in 1815*, in *A History of the English People in the Nineteenth Century*, Vol. I, 1913, tr. By Watkin and Barker, London, 1924. R. F. Wearmouth, *Methodism and the Working Class Movements in England 1800-50*, London, 1937. E. J. Hobsbawm, *Labouring Men*, London, 1964. 山本通「イギリス労働者階級の生成と福音主義運動の展開――アレヴィ・テーゼをめぐって」『神奈川大学評論叢書』第七巻、一九九六年。馬渕彰「アレヴィ・テーゼ論争再訪――E・P・トムスン『イングランド労働者階級の形成』以後の論争を中心に」『ウェスレー・メソジスト研究』第六号、二〇〇六年。

(35) Hempton, *op. cit.*, pp. 11 and 230-1.

(36) Thompson, *op. cit.*, p. 429.

(37) 馬渕彰「アレヴィ・テーゼ論争再訪」八三―八四頁。

アレヴィ・テーゼと歴史的実態との一致をめぐる論争は、ヴェーバー・テーゼと歴史的実態との一致をめぐる論争と一つの本質的問題を共有しているように思えます。双方とも、個々のメソジストの歴史研究の結果で得られたテーゼではなく、哲学や社会学の研究用にいくつかの類型やフレームワークを便宜的に設定し、それらを用いて展開された推論の結果で得られたテーゼであり、これらのテーゼの賛否をめぐって他の学者が哲学や社会学をはじめ神学や経済学などさまざまな分野の類型やフレームワークを加えながら議論を展開するにつれ、歴史的実態からますます遊離してしまうといった事態に陥っています。他の学問によって得られた類型やフレームワーク、そしてそれらから得た結論が歴史の実態に一致しているかと問うことのナイーブさは、アレヴィ・テーゼ再検討のローカル・スタディなどの歴史研究で知ることができます(38)。

メソジスト派を一つの類型化やフレームワークで論じることは、社会学や哲学や神学の研究では役立っても、同派の歴史的役割の実態の歴史学的解明にとってはメリットよりもデメリットの方が遥かに大きいと思います。メソジスト協会連合はチャーチではなく、本来、「神の迫りくる怒りから逃れたい」との願いを持つ人ならば誰にも入会許可が与えられ、教派・職業・教育・社会的地位・地域性の異なる雑多な人々が福音信仰によって緩やかにコネクトされた会員制のソサエティにすぎませんでした。メソジスト派はウェスレーの「王権神授」の信念をいつ喪失したのか、「施し」の教えをいつから実践できなくなったのか、いつ「現状への満足」の教えを離れ政治改革や労働争議を指示するようになったのかといった問いへの答えをヴェーバーやアレヴィのテーゼ論争の流れにそって探究する前に、テーゼ論争を離れて、メソジスト派はもともと「王権神授」の信念を待たない人々や「施し」の教えを軽視する人びとや政治改革・労働争議に意欲的だった人々を内包していたのではないかとの問いも、まず検討してみる価値があると思います。ウェスレーや十九世紀のメソジスト派指導層は諸規則を制定し、それらの規則を守るよう繰り返し会員に強く求めましたが、このことは同派の諸規則に従わない会員がある一定数あるいは相当数存在していたことの証拠でもあります。ウェスレー死後には、ウェスレーのメソジスト・

コネクションとは別の新しいコネクションをつくる動きが十九世紀半ばまで繰り返されていきます。分派のなかで最大のプリミティブ・メソジスト派ですが、同派は「メソジスト」との名を冠していますが、労働者層という特定の社会層とのつながりが強く、またクエーカーや他のカルヴァン派の影響を強く受けた信仰を信奉していました。また、独立戦争後のアメリカ合衆国では、メソジスト派は第二次覚醒運動や黒人奴隷問題などによりイギリス本土とは異なる特徴を帯びざるを得なくなっていきます。メソジストと呼ばれた人々がどこまでウェスレーの神学や思想や規則に従って歩み、どの程度まで同質の運動を繰り広げていたのかを把握することは至難の業と言わざるをえません。ウェスレーは一七八〇年一〇月三日付の日誌に、サーラム（Sarum）を訪れた際、その地の幾人かの古くからの兄弟たちからキリスト者の完全について今まで聞いたことがないと言われ驚いたと記しています[39]。極論を言えば、ウェスレー以外にウェスレーの神学や思想や規則を完全に実践したメソジストは存在したのかといった問いさえ頭をよぎるほど、メソジストと呼ばれた人々の実態は便宜的な類型やフレームワークでは到底捉えられないものだと思います。メソジストと呼ばれた人々の歴史的実態がこのようなものであるため、ウェスレーが説いた「全き愛」「キリスト者の完全」とつながる国家論・教会論・救済論・経済倫理を、ウェスレー以外のメソジスト派会員のうちどの程度の割合の会員たちが正しくすべて理解し、共有し、実践していたかとの問いへの答えは、歴史学的には推測の域をなかなか出るものではありません。

（二）メソジスト史研究と「倫理」テーゼの展望

たとえウェスレーの説教からの引用文が彼の経済倫理とは異なっていたとしても、歴史的にはメソジスト派の

（38） A. Mabuchi, 'The Revolt of the Field and Churches in the south of England', Unpublished PhD Thesis, University of Cambridge, 1999.

（39） Wesley, *Works*, Vol. IV, p. 192.

人々は、ウェスレーの教えに反して宗教的情熱を失い、禁欲的精神のもと資本主義を支えたのだから「倫理」テーゼにとって問題ない、といった反論が鈴木氏などによってなされています。確かに、メソジスト派内では、「施し」の実践を徹底できない会員が多数を占めていたようです。ウェスレーは一七八九年七月の説教でも、「……昨今のメソジストの間で、概して自己否定が実行されていないのはなぜであろうか。最も古い、最も大きなソサエティ〔協会〕の中でさえ、自己否定がほとんど見られない、……メソジストは、自己放縦に浸りつつある。それは、彼らが豊かになったからである。例外はあるが、恵みに減少している一〇人に九人までが、反比例して富に増加を見ているというのが私の観察である」と述べています。(40)

このようにウェスレーの国家論・教会論・救済論・経済倫理の教えから逸脱していくメソジストの歴史は、ウェスレー死後の個々のメソジストに関連する史料にも記録されています。例えば、一八三〇年代以降に新救貧法反対運動や労働運動の指導者となった元ウェスレアン・メソジスト派牧師ジョゼフ・レイナー・スティーブンズ牧師は、反新救貧法運動のための演説を兼ねた説教でウェスレアン・メソジスト派の指導的な会員で工場主でもあった人物について、次のように語っています。「ランカシャーの最も大きな工場の工場主の一人であり、ウェスレアンの支配者層の最初の中心人物の一人であり、ウェスレアンのあらゆる基金への最も際だった寄贈者の一人である人物を私は知っている。そして、その人物は彼の会計事務所で、嘘が罪と呼ばれることは非常に残念なことだ、嘘はビジネスにおいて必要であり、非常に有用なものであると断言した」。スティーブンズ牧師は、この人物が「施し」はしているものの、金儲けのためにモラルが失われていると嘆いています。(41)

また、一八七〇年代にイギリスの全国農業労働者組合の会長として活躍したり、一八八五年に農民出身で初めて下院議員に選出されたりしたプリミティブ・メソジスト派地方説教者ジョセフ・アーチの場合、彼の自宅の本棚にはピューリタンやイギリス革命史関連の書物はあったものの、ウェスレーの著作はなかったと言わています。アーチの属していたプリミティブ・メソジスト派は、先述のようにクエーカーなどの影響を強く受けていました。

プリミティブ・メソジスト派は、ピューリタン的国家論・教会論を信奉し十九世紀後期に国教会制度廃止運動を精力的に推進したメソジスト派であり、ウェスレーの国家論・教会論からの逸脱ははっきりしていました。[42]

「できるかぎりかせぎ、節約し、施せ」をウェスレーの意図した趣旨とは異なって解釈していたのは、ヴェーバーだけではなくメソジスト派の人々も同様です。メソジスト派の家庭でメソジストとして育った元イギリス首相マーガレット・サッチャーは、一九九一年の来日時に日本経済新聞社主催の講演会でのある質問に対して、「メソジストを興したジョン・ウェスリーは『お金の使い方を誤った人は、それをお金のせいにしてはいけない』と語っている。ウェスリーの教えは、できる限り熱心に働き、熱心にお金を稼ぎ、そして熱心にお金を分かち合え、ということだ。人生の多くの素晴らしいことの中には、〔病院や学校の建設など〕富があって初めてかなうことも多い。政府や国は個人が獲得したものを奪ってはならない。できるだけ寛大に、慈悲の心を他人に対して持つという信念の下に私は育てられた」と答えています。[43] 彼女のこの言葉からは、富の誘惑でメソジストの信仰が衰退していることを嘆いていたウェスレーの危機感は感じられません。信仰への危機意識ではなく、むし

(40) ジョン・ウェスレー、'Causes of the Inefficacy of Christianity'、藤本満『ウェスレーの神学』福音文書刊行会、一九九〇年、二七三頁。ウェスレーの一七八九年七月二日の説教。

(41) Joseph Rayner Stephens, *Political Pulpit: 'Sermon IV. Delivered at Ashton-Under-Lyne, on Sunday Afternoon, March 3, in the Market place,'* 1839, p. 23. 馬渕彰「一九世イギリス労働運動における社会抵抗権とメソジスト――J・R・スティーブンズ牧師を中心に」『ウェスレー・メソジスト研究』五号、二〇〇四年。

(42) 馬渕彰「一九世紀後半イギリスの政治問題でのメソディスト諸派の基本方針とその影響――メソディスト派定期刊行物上の国教制度廃止運動の関連記事を中心に」『キリスト教史学』第六八集、二〇一四年。

(43) 「日本経済新聞社主催、マーガレット・サッチャー元英国首相講演会、質疑応答」『日本経済新聞』一九九一年九月六日号、一三頁。同年発行の『クリスチャン新聞』誌上に、サッチャーが語ったほぼすべての言葉がより正確に掲載されている。〔 〕の病院や学校については、『クリスチャン新聞』の記事を参照せよ。質問者は筆者（馬渕）。

ろ、稼いで得た富の有効活用といった肯定的な点に強調点が移されて解釈されています。(44)

ウェスレーの指導を受けたメソジスト派の人々は、ウェスレーの経済倫理を正確に理解し遵守していたわけではありません。それらの人々が実際に作り出した歴史に絞って考えれば、鈴木氏の指摘の通り、ウェーバーによるウェスレーの説教の用い方には特に問題がないといえるのかもしれません。今日では、各地の指導者や一般信徒の個々のメソジストレベルでの歴史研究が進展していることにより、鈴木氏などの指摘したことが検証しやすい状況となっています。メソジスト史研究によって得られたメソジスト派の多種多様で複雑な歴史的実態からこのようなウェーバーの説明に適合する事例だけを抽出してくれば、歴史の縦糸・横糸の中に一本の横糸を示そうと試みたヴェーバーの「倫理」テーゼを肯定する一筋のラインに、ウェスレーやメソジストも無理なく加えられるのかもしれません。

ただし、ウェスレー自身の経済倫理よりもメソジストの歴史的実態に注意を向ける鈴木氏のような「倫理」テーゼ擁護の仕方に対しては、岸田氏が次のように問題の核心を衝いて反論します。ウェスレーの「慈善」倫理とカルヴィニストの「職業」倫理が「もし同一〔の「心理的起動力」・「倫理的刺激」〕とするならば、ウェーバーの提起した、職業における『救いの証明』という理念型の画期的意義は見失われ、『職業』と『救い』との結合による『心理的起動力』の創出、というウェーバーの理念型は、自己矛盾におちいるのではなかろうか」と、岸田氏は問い続けます。(45)

結び

ヴェーバーのメソジスト派関連の記述は、「倫理」論文の大きな論争の一つをもたらしました。その論争では、ウェスレーの説教の引用箇所が問題視されましたが、もともと「倫理」テーゼの土台はこの説教なしで成り立っていたのですから、問題とされた説教を外して元に戻せば済むことと言えるかもしれません。[46] しかし、説教の引用箇所は「倫理」テーゼの趣旨に合致しているので取り除く必要はないとの強い反論もあります。

史料に基づき正確な歴史を復元することを第一とする歴史研究者は、ヴェーバーがウェスレーの説教の引用で用いた手法は到底許すことができず、「倫理」テーゼを否定するでしょう。しかし、ヴェーバー自身の目的（挑戦）から「倫理」論文を読み解こうとする研究者には、「倫理」テーゼは歴史に新しい光をもたらした優れた学術研究であり続けています。今日のメソジスト史研究の成果を用いて大規模な「化粧直し」をすれば、歴史学者も評価する「倫理」論文に変貌するかもしれません。しかし、論争はすでに決着済みだと考える研究者からは、その必要はないと反対されるかもしれません。

たとえメソジスト史研究が進展してヴェーバーの描くメソジスト像が古臭くなっても、歴史学的手法では描けないものを描こうとしたヴェーバーの試みによってもたらされた光は、消し去られないものなのかもしれません。メソジスト派関連の記述をめぐり、今日のキリスト教史研究の水準に照らしても「倫理」テーゼが支持できるか

(44) 梅津『ヴェーバーとピューリタニズム』四二九―四三〇頁。「ヴェーバーは近代資本主義の行く末には悲観的であった。機械の基礎を持つ資本主義のメカニズムは、『資本主義の精神』の支えも必要としない『鉄の檻』になるというのである。経済の自立のメカニズムに対抗する社会的力はどこから出てくるのか。もしも、プロテスタンティズムの信仰復興運動が、メソディズムに見るように、『与えること』によってそのような役割を果たしうるとすれば、確かに機械的メカニズムに精神的・社会的対抗力を対置することができるであろう」。ヴェーバーに助言したアシュリーの場合は、人心の自然な動きとして施しではなく投資事業に人々が向かったのだと説明している。岸田、前掲書、一三―一四頁。W. Ashley, *The Economic Organisation of England*, 1941, p. 159. 徳増栄太郎訳『イギリスの経済組織』森山書店、一九五三年、二一四―二一五頁。

(45) 岸田、前掲書、三五六―三五九頁。

(46) 外せない別の理由として、「原論文」後にヴェーバーが巻き込まれた論争を大西晴樹氏から指摘された。その論争については、本書の「はしがき」を参照せよ。

との問いかけは、自分とは異なる研究手法を採用している他の研究者とどのように向き合うべきかを真剣に考えさせる論争へと私たちを引きずり込む力を今なお発揮し続けています。(47)

(47) シンポジウムでは、山本通氏からは、R・F・ウィアマスが指摘したように、メソジスト信徒はクラス組織などで規則的信仰生活を訓練されていたのではないか、また、ウェスレーの「施しの教え」に従えない人々の割合は誇張ではないかとの質問を受けた。クラス集会による訓練にも限界があったと思われる。ラックが、クラス制度の衰退を論じている。H. D. Rack, 'The Decline of the Class-Meeting and the Problem of Church-Membership', *Proceedings of the Wesley Historical Society*, 1973-74, pp. 12-21. また次の書もその衰退を論じている。Gilbert Murray, *The Methodist Class-Meeting*, London, 1908. 教えに従えなかった会員の割合は、データがないため推測の域をでない。晩年のウェスレーがメソジストの富の増加と信仰の衰退について頻繁に語っていることから、メソジスト会員の多くはウェスレーが求める水準で富を人に「できるかぎり施す」ことはできなかったのだと思われる。「施し」は愛のあらわれであり、強制はできず、「施し」をしていないとの理由では会員資格は剥奪されなかった。このウェスレーの経済倫理を欠いたメソジスト達も、メソジスト派の歴史を綴っていくこととなる。梅津順一氏からは、メソジスト協会から国教会への移籍はあったのではとの質問を受けた。メソジスト協会（教会）から国教会へ、また非国教会への教会籍の移籍は、私のこれまでの調査でも聖職者・一般信徒のどちらにも見られる。このことからも、教派のフレームワークを用い、教派で受けた信念や訓練だけでテーゼを論じることの問題を感じる。

第五章　「洗礼派」、バプテスト派の記述をめぐって

大西晴樹

はじめに

本報告では、倫理論文のいわゆる「洗礼派」、それと私の専門であるバプテスト派について発表します。承知の通り、ヴェーバーは、「倫理」論文において、「カルヴァン派とならんで、プロテスタント的禁欲のいま一つの独自な担い手となったのは、洗礼派（Täufertum）と、その運動から真直ぐに、あるいはその宗教的思考様式をとりいれながら、十六、十七世紀のあいだに成立した諸信団（ゼクテ）、すなわちバプティスト派、メノナイト派、とりわけクエイカー派だろう」と述べて、「洗礼派」と、ヴェーバーにいわせれば、その末裔であるバプテスト、メノナイト、クエイカーをカルヴァン派同様、禁欲の担い手として高く評価しています。[1] 大塚久雄の「信団」という無教会流のあまり聞き慣れない訳語の適否はさておき、国家と結合し、その国民である生まれながらのクリスチャンを包摂する「教会」型の教会、すなわち、「キルへ」型とは別個の、国家とは分離した、自発的結社としての「信仰者の教会」（believer's church）である「ゼクテ」型の教会類型に属する教派が本章の主題です。[2]

（1）　M. Weber, Die protestantishe Ethik und der 》Geist《des Kaptalismus, *Gesammelte Aufsätze zur Religionssoziologie*, Bd. I, Tübingen, 1920, S. 150.「倫理」二六三頁。

一　「洗礼派」（Täufertum）はヴェーバー、トレルチに独特な用語法

この主題からまず、次の二点が指摘できるのではないでしょうか。第一は、安藤英治が指摘しているようにTäufertumを「洗礼派」と翻訳することの問題であり、第二はヴェーバーの叙述が、時代考証からして、クエイカー史家ロバート・バークレーの *The Inner Life of the Religious Societies of the Commonwealth*, London, 1876などに依拠していると推測されるために、「洗礼派」の教義や信仰に関しては、クエイカー派の教義や信仰が中心だということです。安藤は、一九九四年に出版された翻訳、梶山力訳・安藤英治編の『プロテスタンティズムの倫理と資本主義の《精神》』において、わざわざ補注を設け、ウェーバーが、実質的には再洗礼派（Wiedertäufer）を論じていながら洗礼主義（Täufertum）という概念を用いたことについては、次のような諸事情が考えられると述べています。第一に、ヴェーバーの時代には再洗礼派に関する十分な研究が行われていなかったという事情。第二に、ヴェーバーの時代"Wiedertäufer"（「再洗礼派」）はカウツキーの大論文をつうじ、「共産主義運動」として宣伝されていたという事情。――再洗礼派の運動の意味を評価し、シンパシーさえ示しているヴェーバーには、それだけに、逆に、共産主義的理解とは鮮明に一線を画す必要があったこと。第三に、再洗礼派および諸ゼクテ（バプテスト派、クエイカー派、メノナイト派）が改革派教会とは原理上まったく別種の教説に立つものであることをヴェーバーが強調しているという事情。そのため、安藤は、本当は実質的には再洗礼派（Wiedertäufer）なのだけれども、この概念には、その末裔まで含まれているので、洗礼主義（Täufertum）、誤って「洗礼派」と訳さざるをえない、とまでいうのです。(3) 実際、一九三八年に出版された最初の日本語訳である梶山力の訳、(4) そして岩波文庫本の旧訳である梶山力・大塚久雄訳では、(5)「再洗礼派」という訳語が充てられていました。しかし、タルコット・パーソンズの英語訳では"Baptist"です。(6) ということから、この用語がヴェーバーとその同僚のエルンスト

ト・トレルチに独特のものであることをまずはご理解ください(7)。

さて、そのような独特な用語法を生み出す原因となったのは、先ほど触れましたように、ヴェーバーが、その叙述をクエイカー史家に依拠しているために、ゼクテの教義や信仰の叙述に関しては、クエイカー派が中心になっているということです。ヴェーバーは、「洗礼派」諸ゼクテのなかでも、再洗礼派運動直系、あるいはその思考様式をとりいれたゼクテとして、「とりわけ」あるいは、「倫理」二六九頁の注の二では、「クエイカー派は、形式の上ではジョージ・フォックスとその友輩の創設にかかるものだが、その根本思想が洗礼派の伝統の継続だ

(2) ヴェーバーには、ゼクテに関する論文もありますが、「倫理」論文を主題としている本書では、あえて考察対象から除外しました。Weber, Die protestantischen Sekten und der Geist des kapitalismus *Gesammelte Aufsätze zur Religionssoziologie*, Bd. I. 中村貞二訳「プロテスタンティズムの教派と資本主義の精神」『ヴェーバー宗教・社会論集』河出書房、一九六三年。

(3) ヴェーバー著、梶山力訳・安藤英治編『プロテステスタンティズムの倫理と資本主義の《精神》』未来社、一九九四年、二七六—二七七頁。この翻訳本は、一九三八年に出版された梶山力の原論文訳を安藤が補うとともに、一九〇四—〇五年に『社会科学・社会政策雑誌』*Archiv für Sozialwissenschaft und Sozialpolitik* 掲載されたいわゆる原論文に、ヴェーバーが『宗教社会学論集』*Gesammelte Aufsätze zur Religionssoziologie*, Bd. I に掲載する際に改訂を加えた部分が分かるように「改訂の可視化」が図られています（以下、本書を「梶山訳・安藤編」と略記）。

(4) ヴェーバー著、梶山力訳『プロテスタンティズムの倫理と資本主義の精神』（経済学名著翻訳叢書〈第四〉）有斐閣、一九三八年、一八三頁。

(5) ヴェーバー著、梶山力・大塚久雄訳『プロテスタンティズムの倫理と資本主義の精神』岩波文庫、下巻、一九六二年、一三九頁。

(6) T. Parsons (tr.), *The Protestant Ethic and the Spirit of Capitalism*, NewYork, 1958, p. 144.

(7) E. Troeltsch, *Soziallehren der chislichen Kirchen und Gruppen*, 1912, 1922 Tübingen, S. 797. O. Wyon (tr.), *The Social Teaching of the Christian Churches*, vol. 2, London, 1931, p. 694. トレルチの用語については、F・W・グラーフ「ハイデルベルクにおけるアングロサクソン研究の伝統」深井智朗・F・W・グラーフ編著『ヴェーバー・トレルチ・イェリネック』聖学院大学出版会、二〇〇一年参照。

ったことには疑問の余地がない(8)」という言葉を用いてクエイカー派について展開しているのです。そのせいか、私の専門であるバプテストについてあまり言及していません。ヴェーバーも、「倫理」二六九頁において、「バプティスト派のうち昔の洗礼派にまで遡源できるのは、いわゆる『一般バプティスト』General Baptist だけだ。『特殊バプティスト』Particular Baptist は――すでに述べたように――カルヴァン派のうち、教会への所属を、原則として再生者、とにかく個人的に信仰を告白した人々だけに限り、したがって、原理上自由参加主義論者（Voluntaristen）として、あらゆる国教会に反対の立場をとりつづけた人々だった。――もちろん、実際には、クロムウェル治下でも必ずしもその原理は一貫していないが、この特殊バプティスト派も、歴史的には洗礼派の伝統の保持者としてきわめて重要だが、われわれの立場からその教義を研究すべき理由はないようだ(9)」と述べています。

言及がどれほど少ないかを示すために、「倫理」論文においてバプテストが出てくる箇所を調べてみました。そうすると、そのほとんどが、一九〇四年と一九〇五年に『社会科学・社会政策雑誌』に掲載した「原論文」ではなく、一九二〇年の『宗教社会学論集』に掲載された改訂版の箇所なのです。たとえば、ハンサード・ノリーの信仰告白「死滅への予定(10)」。サヴォイ宣言、ハンサード・ノリーの信仰告白「摂理(11)」。ハンサード・ノリーの信仰告白「キリストの仲保者の否定(12)」。ハンサード・ノリーの信仰告白第一六章(13)。「バプティスト派の信仰告白もまったく同様に、予定に関する条項で信仰の果実を問題にしている」というくだり(14)。ハンサード・ノリーの信仰告白「一時だけの信仰者(15)」。これらの加筆からいえることは、いずれも、「ウェストミンスター信仰告白」の予定説の影響力がいかに甚大なものであるかというヴェーバーの持論を補強するために、バプテスト派の信仰告白が追加されたということでしょうか。キリスト教史学の立場から見れば、これは当然の事でありまして、正誤表に記載したように、ヴェーバーが「ハンサード・ノリーの信仰告白」という言葉で表現する「第二ロンドン信仰告白」は、パティキュラー・バプテスト派が、王政復古の際にイングランド国教会の聖職から追放された長老派、独立派（会衆派）と一緒に、非国教徒（dissenters）として「信教の自由」の闘争で共闘していた時に、長老派の「ウェストミンスター信仰告白」の救済論を土台とし、バプテストに独自な洗礼論と教会論が加筆されたという経緯があるからです。(16)

バプテスト派がいかにぞんざいに扱われてきたかを示す証拠としては、「倫理」二七二頁の後ろから二行目の市民的天職概念を説明する際に、「原論文」には、クエイカー派、メノナイト派しか記されていなかったのですが、改訂版になってバプテスト派が挿入されたという経緯からも明らかです。(17)しかしながら、この改訂の機会に唯一、ヴェーバーがバプテスト派に独自な信仰告白に詳しく言及した箇所があります。それは注釈の長いことで有名な「倫理」論文の中でも、「ベルーフ」に次いで長いと思われる「寛容」に関する叙述なのです。

(8)「倫理」二六九頁。
(9)「倫理」二六九頁。
(10)「倫理」一五〇頁、「梶山訳・安藤編」一七九頁。
(11)「倫理」一五〇頁、「梶山訳・安藤編」一七九頁。
(12)「倫理」一六一頁、「梶山訳・安藤編」一八八頁。
(13)「倫理」一七〇頁、「梶山訳・安藤編」一九五頁。
(14)「倫理」一八九頁、「梶山訳・安藤編」二一〇頁。
(15)「倫理」一九〇頁、「梶山訳・安藤編」二一〇頁。
(16) W. L. Lumpkin (ed.), *Baptist Confession of Faith*, Chicago, 1959, pp. 235-238.
(17)「倫理」二七二頁、「梶山訳・安藤編」二八一頁。

二　改訂問題――「寛容」についての大幅な書き換えとその理由

そこでヴェーバーは、寛容の思想の主要な源泉として①純粋に政治的な国家理由、②重商主義、③カルヴァン派的宗教意識のうちの急進的な流派、④洗礼派系の諸信団の思想、を列挙し、「無条件的な寛容への要求を生んだものは、積極的な宗教上の理由であった」と述べて、カルヴァン派の急進派同様、洗礼派系の諸ゼクテの思想を高く評価しています。[18] ところが、「原論文」の改訂によって、とくにこの洗礼派系諸ゼクテの箇所だけが大幅に書き換えられた結果、バプテストの信仰告白が引用されるようになったのです。以下、長くなりますが、当該箇所を引用してみましょう。最初が「倫理」論文。二番目が「原論文」です。

「したがって、このばあいにも、無条件的な寛容への要求を生んだものは、積極的な宗教上の理由だった。――このような根拠にもとづいて、バプティスト派に先立つこと約一世代、ロジャー・ウィリアムズ（Roger Williams）に先立つこと二世代の早い時期に、最初に完全な寛容および国家と教会の分離を主張したのは、まさしくジョン・ブラウン（John Brown）その人だった。こうした意味での教会の最初の宣言は、おそらく、一六一二年ないし一六一三年にアムテルダムでおこなわれたイギリスのバプティスト派の決議だろう。『当局者は宗教あるいは良心に関することがらに介入すべきではない。……けだし、キリストのみが教会および良心の王また立法者であり給うからである』と。国家による良心の自由の成文法的保護を権利として要求した最初の教会の公文書は、おそらく一六四四年の（特殊恩恵説をとる）バプティスト派の信仰告白第四四条だったろう。――もう一度、明確に注意しておきたい。これは往々主張されていることだが、寛容が何らかそれ自体として資本主義に有利な影響を与えたとする見解は、もちろん完全に誤っている。宗教的寛容は決して近代あるいは西ヨーロッパに独自なものではない。インド、中国、ヘレニズム時代の西アジアの巨大諸国家、ローマ帝国、イスラムの諸国家では、寛容は、ただ国家的理由による制限をうけたのみで（こうした制限は今日でも存在する！）きわめて広範囲におこなわれていた。これに対して、一六、七世紀の世界ではそれに比肩しうるようなところは何処にもなく、とくに政治的経済的興隆期のホラントおよびゼーラントや、ピュウリタンのイングランド並びにニュー・イングランドのようなピュウリタニズムの支配していた地方では、寛容がおこなわれることはむしろ最も少なかったのだ。むしろ、西ヨーロッパに特徴的なものは——宗教改革以前にも以後にも——ササン王朝期のペルシア王国のばあいと同様、信仰上の不寛容であった。これに対して、中国、日本、インドでも或る時期には不寛容がおこなわれているが、それも大部分政治上の理由からだった。したがって寛容は、それ自体としては、明らかに資本主義となんらの関係もないのだ。問題は、いったい誰に対して有利な影響をあたえたのか、という点だった[19]」。

「——こういう積極的な宗教上の理由からして最初の植民地となり、同時に国家教会制度のあらゆる残滓を払拭せる植民地となったロード・アイランドの創設者はロジャー・ウィリアムズであるが、彼はその地であらたに洗礼を受け、しばらくではあるがそれからバプティスト派の牧師をも勤めた。しかし、それに先立ってすでに展開していた反国家主義の根本原理を彼がどこから得ていたのかを正確に示すことはできない。カトリック系のバルティモア卿によって創設された植民地メアリランドは、寛容——この精神はカトリック教会を唯一の救済制度として認めることは原理上できない——を宣言したが、これはカトリック公認の植民

(18)「倫理」二三一—二三二頁。
(19)「倫理」二三二—二三三頁。

地は圧迫されるであろうからというまったくの便宜に発するものであった。当然のことながらペンシルヴァニアは、はじめから、寛容、および国家と教会との分離という根本原理をもっていた。——いまここで述べた註には後でいっそう立入って論及するが、とくにここで此の註を挿入したのは、先頃代議士のグレーバーがまたもや国会で、「寛容」は、ロード・アイランドよりもメアリランドの方が先であったと主張しているからである。だが、政治的な（プロテスタントの教会政治に由来する）便宜のために寛容を主張することと、宗教的な原理として寛容を主張することとは、全く別の事柄である。宗教上の原理としての寛容をカトリック教会は受け入れることができない。なぜならば、神の営造物としての教会は、異端が必ず人を引きずり込む劫罪から、ひとびとを守ってやる義務があるからである。——寛容は、近代の『リベラルな』思想となんら異なるものではない。あらゆる人間的権威を『被造物神化』として排斥するという原理もそうであるが、神および神の掟に対してのみ責を負うこと、その意味において自己の意思を無条件で放棄すること、こういう態度を排斥するという原理もともに宗教に根差したものである——もっとも先鋭な形では、クェーカー派にみられるが、そこまで首尾一貫しない形ならばおよそ一切の禁欲的ゼクテにみられる。——このように宗教内在的な動機から『反権威主義』が導き出されたということが、ピュウリタン諸国における『自由』の歴史的に決定的な『心理学的』基盤であった。ひとが『啓蒙思想』の歴史的意義をたとえどのように高く評価するにしても、その自由の思想は、そもそもグラッドストーンの政治的業績にはじめて『建設的な』色彩を与えたような確乎たる起動力との深い結び付きを欠いていた。この結び付きがあってはじめて自由の存続は保証されるのである。『良心の自由』の発生史と政治的意味にとって基礎的重要性をもつのは、周知のようにイェリネクの『人権宣言』である。[20] 私個人もまた、ピュウリタニズムと新らしく取り組むようになったのはまさにこの書物のお陰なのである」。

まず、大幅な書き換えの理由ですが、これは、むしろヴェーバー研究史からいえることですが、ハイデルベルク大学のゲオルク・イェリネクとヴェーバーの学問的交流に由来しているように思われます。「倫理」論文では削除されている有名なくだりですが、ここに引用した「原論文」の最後で『良心の自由』の発生史と政治的意味にとって基礎的重要性をもつのは、周知のようにイェリネクの『人権宣言』である。私個人もまた、ピュウリタニズムと新らしく取り組むようになったのはまさにこの書物のお陰なのである[21]」と述べています。イェリネクの「人権宣言」は、一八九五年に初版が出版された法制史における評論集ですが、「原論文」および「倫理」論文の編集史を研究したピーター・ゴッシュによれば、ヴェーバーに「植民地アメリカのプロテスタンティズムとまたそのルーツとしての一七世紀イングランドに注意を払わせ、こうして、明らかに倫理論文の歴史的位置づけを明確に示唆していった[22]」と述べています。しかし、イェリネクの研究は、ニュー・イングランドでは公的宗教として州政府と癒着したジョン・ロビンソンらの独立派や、国家と教会の分離の先駆者でありながらも国教へ転向を余儀なくされたロバート・ブラウン、そしてニュー・イングランドでは、セパラティストでしたが、公的宗教を覆すほどの組織的抵抗ができなかったロジャー・ウィリアムズについて言及するだけで、これらの人物は、ヴェーバーが高く評価する「洗礼派」ではありませんでした。そこで、ヴェーバーは、改訂版までに、教会と国家の分離に関するバプテスト派の信仰告白を読み取り、それをまたイェリネクに伝えたのだと思われます。イェリネクも自家用本の他の個所に以下のような文言を記したのを、息子のヴァルターが一九一九年の第三版までに、「人権宣言」に加筆しています。「《歴史研究に残されているのは、これらの観念のよって来るところをさらに追求することである。これらの観念はまず第一に洗礼派トイファートゥーム［バプテスト］にさかのぼる。ブラウ

(20)「梶山訳・安藤編」二四五―二四六頁。
(21)「梶山訳・安藤編」二四六頁。
(22) P. Ghosh, *Max Weber and The Protestant Ethic: Twin Histories*, Oxford UP., 2014, p. 32.

ンはまだイギリスにいた頃これと接触していたし、ロジャー・ウィリアムズもしばらくのあいだこれに好意を寄せていた。この関係を詳しく実証する試みはまだなされていない[23]》」。

こうして、ヴェーバーは、バプテストの二つの信仰告白を改訂版である「倫理」論文において取り上げたわけですが、正誤表でも指摘していますが、しかしながら、そのいずれにおいても誤記が含まれています。「こうした意味での教会の最初の宣言は、おそらく、一六一二年ないし一六一三年にアムテルダムで行われたイギリスのバプティスト派の決議だろう。『当局者は宗教あるいは良心に関することがらに介入すべきではない。……けだし、キリストのみが教会および良心の王また立法者であり給うからである』と[24]」。これについては、ヴェーバーの「洗礼派」の概念構成に影響を及ぼすような重大な誤記が含まれていますので、後で詳しく述べることにします。

二番目の「国家による良心の自由の成文法的保護を権利として要求した最初の教会の公文書は、おそらく一六四四年の（特殊恩恵説をとる）バプテスト派の信仰告白第四四条だったろう[25]」。これに該当する信仰告白は、一六四四年の「第一ロンドン信仰告白」第四四条ではなく、一六四六年に出版された「第一ロンドン信仰告白修正版」の第四八条に見出されます。長くなりますが、実際の信仰告白文を引用するとこのようになります。

「神の礼拝に関して、そこには救いや滅びを決定できる唯一の立法者イエス・キリストしかいない。彼は礼拝のためのみ言葉のうちに充分な定めや規則を与えた。……そのため諸個人の良心の自由を賦与することは統治者の義務である（そうすることは、良心的な者すべてにとって最も憐れみ深い、大切なことであり、そうすることなくして他の自由はすべて名づけるに価しないし、いわんや享受するに価しない[26]）」。

ヴェーバーが、「洗礼派」ではなく、カルヴァン主義の急進派出自であると述べたパティキュラー・バプテスト派ですが、統治者は、宗教上中立の立場に立ち、礼拝に関して干渉することなく、「諸個人の良心の自由を賦与することは統治者の義務である」（it is the magistrate's duty to tender the liberty of men's consciences）というのです。すなわち、「信教の自由」の保障、それこそが「他のあらゆる自由」の根源であるということを、一六四六年の議会派勝利という状況の中で、統治者に対して求めているのです。これは、たとえば、日本国憲法第二〇条一項には「信教の自由は、何人に対してもこれを保障する」と定められているように、明らかに近代立憲主義の先駆的モデルを示しており、「無条件的な寛容への要求を生んだものは、積極的な宗教上の理由であった」とヴェーバーが述べている点の具体的な事例なのです。ゼクテの要求する寛容思想はこのように、統治者が保障の義務を負わされない「宗教的寛容」（religious toleration）に付随する宗教的自由とは似て非なる「信教の自由」（freedom of religion）であり、統治者によって保障される「最初の人権」としての「信教の自由」について、世界史上最初に述べた箇所だとはいえるのではないでしょうか。[27]

そのためか「原論文」においても、「倫理」論文においても、統治者の都合でいかようにも変化し、インド、中国、日本にもある「宗教的寛容」については、それが、経済的発展や政治的自由と無関係であることが長々と展開されています。「原論文」における政治と宗教の意味深長な関連の説明は、経済発展の一要因としてのプロテスタンティズムの説明へと方向づけられた改訂版においては、残念ながら、削除されてしまいましたが、「原

(23) イエリネック対プルトミー著、初宿正典編訳『人権宣言論争』みすず書房、一九九五年、九〇頁。
(24) 「倫理」二三二頁。
(25) 同上。
(26) 'A Confession of Faith of Seven Congregations or Churchers of Christ in London, which are commonly (though unjustly) called Anabaptists 'London, 1646. in E. B. Underhill (ed.), *Confession of Faith and Other Public Documents*, London, 1854, p. 45.
(27) ヴェーバーにおける両者の概念の明確化を述べた論文に、Makoto SANO, 'The Protestant Sects and the Origin of Human Rights: On the Concept of Max Weber's "Sect",『奈良教育大学紀要』六二巻一号、二〇一三年がある。

論文」には、「宗教内在的な動機から『反権威主義』が導き出されたということが、ピュウリタン諸国における『自由』の歴史的に決定的な『心理学的』基盤であったと述べられ、ひとが『啓蒙思想』の歴史的意義をたとえどのように高く評価するとしても、その自由の思想は、そもそもグラッドストーンの政治的業績にはじめて『建設的な』色彩を与えたような確乎たる起動力との深い結び付きを欠いていた。この結び付きがあってはじめて自由の存続は保証されるのである[28]」という重要な叙述があったのです。すなわち、ピューリタン革命において「統治章典」を制定した際の、バプテストとオリヴァー・クロムウェルの関係[29]、名誉革命において「寛容法」を制定した際の、バプテストのリーダーであるロンドン貿易商人ウィリアム・キッフィンと啓蒙思想家ジョン・ロックの関係[30]、「アメリカ合衆国憲法修正第一条」制定の際の、コネチカット州ダンブリーのバプテスト地方連合と「完全な分離の壁」を説いたトマス・ジェファーソンとの関係[31]が啓蒙思想以上に探求されなければならないのです。そして政治に関して「信教の自由」が保障されているのかということが、経済に関して「資本主義の精神」が支配しているのかと同じぐらいの重みがあるとヴェーバーは論じたかったのだと思います。安藤英治は、ヴェーバーが「倫理」論文において、基本的人権論（ゼクテ論）を第三章以下に予定していたことを重視していますが[32]、それは、カルヴァン主義の予定説で「近代資本主義の精神」を説明したように、ゼクテ論で「近代民主主義の精神」を説明しようとする「禁欲的プロテスタンティズムのゼクテと民主主義の精神」とも言うべき新たな章だったのではないでしょうか。

三　研究史上の歴史的制約――「メノナイト史観」からの解放

最後は、キリスト教史学の立場から、ヴェーバーの「洗礼派」という概念がもつ研究史上の歴史的制約性について考えたいと思います。それは、先ほど来言及してきた国家と教会の分離をめぐる記述に関してであります。

「最初に完全な寛容および国家と教会の分離を主張したのは、まさしくジョン・ブラウン（John Brown）その人だった。こうした意味での教会の最初の宣言は、おそらく、一六一二年ないし一六一三年にアムテルダムでおこなわれたイギリスのバプティスト派の決議だろう。『当局者は宗教あるいは良心に関することがらに介入すべきではない。……けだし、キリストのみが教会および良心の王また立法者であり給うからである』と」(33)。

「倫理」論文のこの一節は、該当箇所を間違えたという単純ミスでは済まされないような大きな問題を含んでいます。ヴェーバーのいう「決議」とは、一六一二年にアムステルダムで出版された「真のキリスト教に関する提案と結論」という信仰告白であり、その第八四条です。しかし、この信仰告白は、正確にいうと、「イギリスのバプティスト派の決議」ではありません。トマス・ヘルウィスという指導者に率いられて、「殉教覚悟で」イギリスへ帰国したイギリスのジェネラル・バプテスト派の群れから破門され、ジョン・スミスという創始者の死

(28)「梶山訳・安藤編」二四六頁。
(29)「閣下、国家は国家に奉仕する人物を選ぶ際に、その見解に頓着しません。国家に忠実に奉仕しようとするなら、それで十分ではないですか」という、バプテストを排除しようとするスコットランド人士官に宛てた内戦中のクロムウェルの手紙参照。W. C. Abbott (ed.), *The Writings and Speeches of Oliver Cromwell*, vol. 1, Oxford, 1937, pp. 277-278.
(30) 拙稿「「ゼクテ」原理と「信教の自由」への道——バプテスト派貿易商人W・キッフィンの場合」『キリスト教史学』第七一集、二〇一七年参照。
(31) N. P. Miller, *The Religious Roots of the First Amendment:Dissenting Prtestants and the Separation of Church and State*, Oxford UP, 2012, pp. 147-148.
(32) 安藤英治『ウェーバー歴史社会学の出立』未来社、一九九二年、二三九—二四〇頁。
(33)「倫理」二三二頁。

後、オランダのメノナイト・ウォーターランド派に加入する者たちのために用いられた信仰告白が「真のキリスト教に関する提案と結論」なのです。すなわち、その信仰告白は、メノナイト派のハンスという人物によって起草され、メノナイトの穏健派であるウォーターランド派の牧師ルバート・ゲリッツによって承認されたものであり、メノナイト派へ加入を希望するイギリスのバプテストが署名したものでした。そのため、この信仰告白には、続く第八五条で「もし統治者がキリストに従い、彼の弟子たらんとすれば、統治者は自己を否定し、十字架をとり、キリストに従わなければならない。彼は敵を愛し、殺してはならない。しかし統治者は職務をこえてこれらの事をなすことができず、剣による復讐を控えることができない(34)」と述べて、メノナイト派に特徴的な絶対的平和主義が表明されています(35)。

それに対して、ヘルウィスらイギリスに帰国することになるバプテストの群れは、一六一一年に同じくアムステルダムで出版した信仰告白第二四条において、統治者についてこう述べています。

「統治者は神の聖なる定めであり、人間は恐れのためではなく、良心のために服従しなければならない。……彼らは神の僕であり、いたずらに剣をたずさえているのではない。彼らは神の僕として悪をなす者に復讐する。威厳ある統治者を悪くいい、政府を軽蔑することは恐るべき罪である。……彼らが救われて、神の真理を知るように祈らなければならない。彼らは統治職にありながらキリストの教会の会員であることが可能だからである(36)」。

イギリスのバプテストは統治者も教会員たり得ると述べて、統治者はキリスト者たりえないというメノナイトら大陸再洗礼派の考え方とは対極的な考え方を示しています。分離といっても、再洗礼派のように教会と国家が排斥的関係に立つ実体的分離ではなく、イギリスのバプテスト派の分離は、キリスト者は統治者でも、バプテスト教会の教会員でもあるという両者の併存を許容する機能的分離を考えていたのです。従って、ヴェーバーのようにこの「決議」を、イギリスのバプテスト派のものだと述べることはできないのです[37]。

では、このような誤解はどのようにして生じてきたのでしょうか。私は、その原因を、ヴェーバーが依拠した当時の第二次文献が、一例ですが、クエイカー史家バークレイの著作 *The Inner Life of the Religious Societies of the Commonwealth* に見るように、メノナイト史観に忠実であったからだと考えています。この著作を読めばわかるように、このクエイカー史家は、メノナイト史観をそのまま受け入れて、大陸再洗礼派とイギリスのバプテスト派の接点を描いているのです。たとえば、「ジョン・スミスとトマス・ヘルウィスはメノナイトの意見を採用し、イギリスのジェネラル・バプテスト、もしくはアルミニウス・バプテストの創設者になった[38]」。「イングランドのヘルウィス教会によって設立されたコングリゲーションの会員は、彼らがオランダに居住するや否や、メノナイトによって、バプテスマや儀式なしで、会員として認められた」。「すなわち、イングランドの最初のアルミニウス・バプテスト派は、まさにメノナイト派である。少なくとも、メノナイト派の教義、実践、訓練がこれらの諸教会のいくつかでは実践された[39]」。ヴェーバーが「洗礼派」概念を構築した時代の研究段階は、メノナイト史家

(34) 'Propositions and Conclusions concerning True Christian Religion, do', Amsterdam, 1612,' in Underhill (ed.), *Confession of Faith and Other Public Documents*, p. 140.
(35) 拙著『イギリス革命のセクト運動〈増補改訂版〉』御茶の水書房、二〇〇〇年、七六頁。
(36) 'A Declaration of Faith of People Remaining at Amsterdam in Holland' Amesterdam, 1611. in Lumpkin (ed.), *Baptist Confession of Faith*, Chicago. p. 122.
(37) 世俗的義務を拒否する一六世紀大陸再洗礼派のエートスを「現世逃避的禁欲」と定義したのは、倉塚平「再洗礼派の二王国論とその現実形態」(上・下)『思想』六〇三号、六〇七号、一九七四年、一九七五年。
(38) R. Barclay, *The Inner Life of the Religious Societies of the Commonwealth*, London, 1876, p. 69.
(39) *Ibid*., p. 73.

の圧倒的影響力の下で、バプテスト史やクエイカー史が描かれており、ヴェーバーもその制約下にあったと言わざるをえないのです。第二次世界大戦前まで、たとえば、アメリカのクエイカー史家であるルーファス・ジョーンズも、大陸再洗礼派がイギリスの神秘主義者にもたらした影響を重視しています[40]。イギリスの教会史研究が大陸再洗礼派の呪縛から解放されたのは、第二次世界大戦直後の事です。非国教徒史家ジョフェリー・ナトゥールの著作 *The Holy Spirit in Puritan Faith and Experience* において、クエイカー派の出自をイギリスの聖霊主義運動に求めてからです。ナトゥールは、イギリスのピューリタニズムやセパラティズム内部において、バプテストを経由してクエイカー主義まで伸びる強力な連続性の系譜が貫通していると主張し、クエイカー派は、イギリス・ピューリタニズムの特徴であった神の聖なる霊を通した神との交わりへ向けた直接性の運動を繰り返し、発展させたと主張したのです[41]。この指摘は、「ナトゥール・テーゼ」と呼ばれますが、本書序章で述べたように、予定説をめぐるケンドールの考え方、すなわち「体験的予定説」とも重なっているのだと思います。その後、バプテスト史家たちも、大陸ではなく、イングランドのピューリタニズム、セパラティズムの系譜に自分たちの出自を求めるようになりました[42]。さすがのメノナイト史家たちも、研究が進展するにつれ、一九六〇年代の初頭に以下のように認めざるを得なくなります。「再洗礼派とジェネラル・バプテストの最初の集団が異なったキリスト教の伝統とみなすのに十分な重要性があると考えられるし、初期ジェネラル・バプテスト派の諸特徴は彼らのイングランドのピューリタン分離主義の背景によって説明される。彼らはピューリタニズムの左翼化への動きや分離主義の論理的拡大として出現した[43]」。

おわりに

「洗礼派」の概念構成に時代的制約があるからといって、「寛容」に関するヴェーバーの主張が無効かと言えば決してそのようなことありません。他方で、ヴェーバーは、「ナトゥール・テーゼ」を先取りする形で、「寛容」について説明している点に気づかされます。それは、ヴェーバーが③として列挙した「カルヴァン派的宗教意識のうちの急進的な流派」の存在を指摘しているからです。

「ところで、急進的な独立派の信徒たちは、個別の教会の内部でしかおこないえない『救いの確証』の審査へ、市民やまた上級聖職者たちの権力が介入することに早くも反対し始めていた。神の栄光のために神に斥けられた者も教会の規律のもとに服させねばならぬとする思想を駆逐したのは、神に捨てられた者と聖餐をともにすることは神の栄光を冒すものだとの思想――これは初めから存在したが、しだいに激情的に強調されるようになった――だった。が、これは、再生者のみを包含する宗教的共同体としての »belivers' church«『信ずる者の教会』という思想に導いたために、自由参加主義（Voluntarismus）を生み出すほかなかった。こうした思想の帰結がもっとも明確な形をとったものは、たとえば『聖者議会』の指導者であるプレイズゴット・ベアボウン（Praisegod Barebone）が属していたカルヴァン派系バプティスト派だった。クロムウ

（40） R. M. Jones, *Studies of Mystical Religion*, London, 1923.

（41） G. F. Nattull, *The Holy Spirit in Puritan Faith and Experience*, Oxford Basil Blackwell, 1946. reprintChicagoUP., 1992, p. 15. T. L. Underwood, *Primitivism, Radicalism, and the Lamb's War: The Baptist-Quaker Conflict in Seventeenth-century England*, Oxford UP, 1997, p. 33.

（42） バプテスト教会史家バリー・ホワイトは、アムステルダムでメノナイト派と接点をもったジェネラル・バプテスト派の神学的ルーツを、文字通り「イングランドの分離主義の伝統」に求めている。B. R. White, *The English Separatist Tradiiton*, Oxford UP., 1971. 近年のバプテスト研究 S. Wright, *The Early English Baptists, 1603-1649*, Woodbridge, 2006, chap. 3 は、トルミーの実証研究で推測されていたメノナイト派と接触したバプテストの群れと、一六三〇年代末に興隆したバプテスト諸教会との連続性すら否定しています。M. Tolmie, *The Triumph of Saints*, Cambridge UP., 1977. 大西晴樹・浜林正夫『ピューリタン革命の担い手たち』ヨルダン社、一九八三年。

（43） L. D. Kliever, "General Baptists Origins: The Question of Anabaptist Influnences", *Mennonite Quarterly Review*, 36, 1962, p. 321.

エルの軍隊が良心の自由のために、それのみか、『聖徒』の議会が教会と国家の分離のためにもつくしたのは、それを構成する人々が篤信な敬虔派の信徒だったからであり、つまりそうした積極的な宗教上の理由によるものだった(44)」。

ベアボウンは、カルヴァン派系バプテスト派ではありませんが、ヴェーバーは、パティキュラー・バプテスト派の出自を述べるために、ピューリタニズム、セパラティズムから派生したカルヴァン派の流れについても言及しているのです。とくに、「正誤表」においても指摘しましたが、ゼクテの教会モデルである「見える教会」(visible church)の説明をカルヴァン主義者で独立派の指導者ジョン・オーウェンの分離教会論に求めています(45)。とくにイギリスにおいては、クエイカー派など「洗礼派」諸ゼクテの教会員たちが政治への関心を封印する「静寂主義」に向う傾向をもつのに対して、「信教の自由」実現の際におけるカルヴァン主義急進派の貢献は著しく、非国教徒(dissenters)として、ロンドン市政を通じて、粘り強い闘争を貫き、名誉革命において「寛容法」を実現したのです(46)。

最後になりますが、キリスト教史の研究段階は、「倫理」論文が書かれた当時の研究段階をはるかに凌ぐ進展を見せています。だからといって、この古典的名著が軽ろんぜられていいはずはありません。プロテスタント・キリスト教の探求によって、資本主義が形成する現代世界の意味を問い続けた「倫理」論文の有効性と限界性を踏まえながら、研究を押しすすめていきたいものです。

(44)「倫理」二三二頁。

(45)「倫理」二一一頁。J. Owen, *An Inquiry into theOriginal, Nature, Institution, Power, Order, and Communion or Evangerical Churches*. London, 1681.

(46) G. S. De Krey, *London and the Restoration, 1659-1683*, Cambridge UP, 2005.

第六章　各章へのコメントと、「倫理」テーゼの再検討の勧め

山本　通

はじめに

このシンポジウムは、ヴェーバー「倫理」テーゼをキリスト教史研究の側から歴史学的に本格的に検討するための最初の一歩となるものです。このような企画が日本でこれまで行われたことがない、というのは驚くべきことです。しかし、問題が大きいので、それを提案する勇気を持つ人は長らく現れませんでした。今回のシンポジウムを企画された大西晴樹さんに心から敬意を表したいと思います。ヴェーバー「倫理」論文は、今から約一世紀前に当時のキリスト教史の研究成果を利用して書かれました。したがって、現代のキリスト教史家が「倫理」論文に多くの不備を発見するのは当然なのです。問題は、それらの不備にも拘らず、「倫理」テーゼが大筋において支持できるか、否かです。まず「倫理」テーゼの骨組を確認しましょう。

ヴェーバーは本論への導入として、第一章第一節で「信仰と社会層分化」についての印象を披歴します。近代的企業における企業家も上層熟練労働者層もプロテスタント的色彩を帯びているということ、つまり、プロテスタンティズムと資本主義との親和関係が強い、ということが示唆されます（「倫理」一六頁）。続く第二節でヴェーバーは、近代資本主義に適合的な「資本主義の精神」が存在したとして、それをベンジャミン・フランクリンの初期のパンフレットを利用して例示します。そこには一切の自然な享楽を厳しく斥けてひたすら貨幣を獲得しようとする努力がみられる、というわけです。この「職業義務」の思想は、幸福の観点から見れば異常なもので

あり、そこには一定の宗教的雰囲気が漂っている、とヴェーバーは言います（「倫理」四七―四八頁）。ヴェーバーは第三節で、プロテスタント諸国には、「神から与えられた使命としての世俗的職業」という観念があるが、カトリック諸国にはない、と言います。ヴェーバーによれば、それはルターによる聖書翻訳に由来します（「倫理」九五―九六頁）。しかし、ルターは宗教的原理と職業労働とを結合して「職業義務の思想」にまで高めることはなかったのです（「倫理」一二二頁）。

第二章においてヴェーバーは「職業義務の思想」がどこで、どうして生まれたのかを追究します。まずは、禁欲的プロテスタンティズムの教義が信者にどのような精神的機動力を与えたのか、という心理的問題が検討されます。ヴェーバーが禁欲的プロテスタントと認定するのは、一七世紀のカルヴァン主義、敬虔派、メソディスト派、そして洗礼派運動から発生した諸ゼクテの四つのグループです。そして一七世紀カルヴァン主義ピューリタンの二重予定説と「信じる者の教会」というゼクテ原理の心理的影響に注目します。ヴェーバーは、これらのどの教派も、宗教上の「恩恵の地位」が独自な行状によって確証されると考えたので、個々の信者の心の中に、「恩恵の地位」を保持するために生活を方法的に統御し、そのなかに禁欲を浸透させようとする機動力が生まれてきた、と推論します（「倫理」二八六頁）。

第二章の第二節でヴェーバーは、禁欲的プロテスタンティズムの宗教的基礎諸観念と経済的日常生活の諸原則の間に存する関連を、まずピューリタン牧師バクスターの『キリスト教指針』を例にとって考察します。ヴェーバーによれば、バクスターの主著には「厳しく絶え間ない労働への教えが繰り返し、時には激情的なまでに、一貫して説かれている」のです（「倫理」三〇〇頁）。ヴェーバーはここに「職業義務の思想」が見出される、と言います。ヴェーバーによれば、プロテスタンティズムの世俗内禁欲は、所有物の無頓着な享楽に全力を挙げて反対し、消費を圧殺しました。その反面、この禁欲は心理的効果として、財の獲得を伝統主義的倫理の障害から解き放ちました。利潤の追求を合法化したばかりでなく、それをまさしく神の意志に沿うものと考えて、そうした伝統主義的な桎梏を破砕したのです（「倫理」三四二頁）。

しかしヴェーバーによれば、ピューリタニズムの生活理想は富の「誘惑」のあまりにも強大な試練に対して全く無力でした。このことを彼は、メソジストの指導者ウェズリーの説教を引用して説明します。すなわち、一八世紀に至りキリスト教思想の宗教的根幹が死滅するとともに、それに代わって功利的な傾向が知らずしらずのうちに入りこんだ、というわけです。そうして、ついには、営利を「天職」と見なすことが近代の企業家の特徴となり、労働を「天職」と見なすことが近代の労働者の特徴となった、というのです（「倫理」三五七―三六〇頁）。したがってヴェーバーは、「近代資本主義の精神の、いやそれのみでなく、近代文化の本質的構成要素の一つというべき、天職観念を土台とした合理的生活態度は、……キリスト教的禁欲の精神から生まれ出たのであった」（「倫理」三六三―三六五頁）と結論付けます。

一　各報告へのコメント

まず、大村眞澄さんの「ルターのBeruf概念について」の報告は、ルターのBeruf概念と、ヴェーバーによるその扱い方を丹念に検討したものです。このテーマは、羽入辰郎氏によるヴェーバー批判の重要なポイントの一つであるという意味でも、興味深いものです。大村眞澄さんのご報告の趣旨は、次のように要約されます。……それまで聖職者と修道士に限定されていた神の「召し」を、ルターはすべてのキリスト信者に適用した。そして、世俗的職業を積極的に評価して、それに宗教的意味を付与した。これはルターの歴史的功績である。しかしルターの時代には、Berufという言葉は地位とか立場という意味あいが強く、特別に世俗的職業という意味に限定して使われていたわけではなかった……。これは、ルターの思想にはヴェーバーのいわゆる「職業義務の思想」がまだ現れない、ということを意味しています。以上の結論は、ヴェーバーの当該問題についてのルター思想の評価を基本的に支持するものだ、と言えるでしょう。[1]

次は梅津順一さんの「ピューリタニズム」の報告でした。梅津さんは、今関恒夫（現在、同志社大学名誉教授）さんと切磋琢磨しながら、日本におけるバクスター研究を欧米のそれに劣らないレベルにまで深めてこられた方です。私は梅津さんが書かれた『ピューリタン牧師バクスター』（教文館）を特に気に入っています。これは、バクスターの生涯と（教会論を除く）その思想の全容をわかりやすく説いたものです。今回の梅津さんの報告も、バクスターの『キリスト教指針』における統御（government）という思想の重要性を指摘して、彼の禁欲的職業倫理を明らかにされました。バクスターは、信者たちが禁欲的倫理の実践を含む「自己統御」を基礎として、家庭と教会と、さらには政治社会の統御を実現させること、つまりそれらがすべて神のみ旨のとおりに行われることを目指したのです。

ところで、ヴェーバーが自らのテーゼを展開するうえでバクスターの著作を利用した仕方には、幾つかの重大な問題がある、と私は思います。その第一は、救済予定説が信者の心理に大きな及ぼしたという主張の史料的根拠として、それを利用した点です。よく知られているように、ヴェーバーは、「宗教的信仰および宗教生活の実践のうちから生み出されて、個々人の生活態度に方向と基礎を与えるような心理的機動力」（「倫理」一四一頁）を追求する際に、一七世紀カルヴァン主義の救済予定説の意義を重視しました。ヴェーバーによれば、この教えによって恐怖と孤独感に突き落とされて苦しむ信者を救うために、カルヴァン主義聖職者たちは信者たちに、自分が救われていると固く信じ、その自己確信を獲得するために「絶え間ない職業労働」を実践するように勧めたのです（「倫理」一七八―一七九頁）。そしてヴェーバーはその本文の箇所に注を付けて、「バクスターの『キリスト教指針』、特にその終わりの部分の無数の箇所に見られるのが、そうしたものだ」（「倫理」一八〇頁）と記しました。しかしバクスターは、ヴェーバーが「ウェストミンスター信仰告白」（一六四七年）を引用して例示した堕罪前二重予定説の支持者ではありませんでした。また、バクスターはカルヴァンと同じく、救いの確証を求めること自体を、信者たちに禁止していました。バクスターが「禁欲的職業労働」を勧めた思想的基礎は、予定説ではなく、むしろ道徳主義に近いものでした。(2)

実際、堕罪前二重予定説と禁欲的な職業倫理との結びつきは希薄です。イングランドで最初に堕罪前二重予定説を唱えたウィリアム・パーキンズの決疑論（casuistry）には禁欲的職業倫理への言及がありません。それどころか、「ウェストミンスター信仰告白」の公表以後、堕罪前二重予定説を信じるカルヴァン主義者神学者の一部が、救いに予定された者にはすべてが許されていると信じる「律法無用論」antinomianism を唱えはじめました。その背後にはピューリタン革命が成就したことが、彼らにこの世の終末の切迫を予感させたことがあります。この律法無用論が社会に及ぼす悪影響を恐れて、アルミニウス主義者たちばかりではなく、バクスターのような穏

(1) ヴェーバーによれば「世俗的職業の内部における義務の遂行を、およそ道徳的実践のもちうる最高の内容として重要視する」ような「思想の展開を見たのは」ルターの「改革活動の最初の一〇年間だけだった」（「倫理」一〇九―一一〇頁）。そしてヴェーバーによれば、ルターの職業生活に対する「態度は、一五一八年から一五三〇年に至る彼の展開の時期を通じて、常に伝統主義から離れなかったばかりか、むしろますます伝統主義に傾いていった」（「倫理」一一八頁）。しかし大村報告によれば、ルターの Buruf 観が時期的に変化していったとは考えられません。ヴェーバーは恐らく、史料的な根拠なしに、それを推論したのでしょう。

(2) イングランドの宗教思想における救済予定説の展開と衰退の歴史については、D. D. Wallace, Jr., *Puritans and Predestination: Grace in English Protestant Theology, 1525-1695*, The University of North Carolina Press, Chapel Hill and London, 1982 をご覧ください。バクスターの救済予定説理解については、J. I. Packer, *The Redemption and Restoration of Man in the Thought of Richard Baxter*, Regent College Publishing, Vancouver, 2003, pp. 197-199, 341-349 を参照してください。C. F. Allison, *The Rise of Moralism: The Proclamation of the Gospel from Hooker to Baxter*, Regent College Publishing, Vancouver, 1966 はバクスターの神学・倫理思想を「道徳主義」の系譜の中に位置づけています。なお、職業労働についてバクスターが語っているのは、梅津さんが指摘する通り、『キリスト教指針』の第一編、第一〇章の第一節だけ（およそ九〇〇頁の大著のうちの僅か二〇頁）であって、ヴェーバーが言うような「その終わりの部分の無数の箇所」ではありません。その主要部分は梅津順一『ピューリタン牧師バクスター』教文館、二〇〇五年の二六四―二七三頁に訳出されています。

健なカルヴィニストも、道徳主義的に生活を律するべきことを信者に対して強調するようになったのです。[3]

ヴェーバーによるバクスターに関する史料操作の第二の問題点は、ピューリタン聖職者が「富の追求を命令した」という議論の根拠として同じく『キリスト教指針』の章句を引用している点です。バクスターは梅津さんがおっしゃるとおり、「よき業」のために用いるという条件で、収益性の多い仕事を遂行することを容認したのであって、それを命令したわけではありません。バクスターは may という助動詞でこれを表していますが（ヴェーバーはこれを dürfen と訳しているにもかかわらず、そのすぐ後で）ヴェーバーはそれが geboten（命令されている）という意味だと説明しています。原文の趣旨はここで捻じ曲げられています。ヴェーバーはこれに続けて、ピューリタンが「利潤獲得の機会を摂理として説明した」（「倫理」三一七頁）とか「営利機械として財産に奉仕するものとならねばならぬという思想」（「倫理」三三九頁）をもっていた、と畳み掛けるのですが、「倫理」論文を丁寧に読めば分かる通り、これらにも史料的根拠がありません。バクスターが禁欲的職業倫理を説いたことは史料から確認できますが、自分の「恩恵の地位」を確かめるために彼が「富の追求を命令した」などとは決して言えません。この議論を実証するためには、ヴェーバーは何か他の史料を探し出すべきでした。もし仮に、そのようなものが本当に存在するのであれば、の話ですが。

ところで梅津さんは、ウィリアム・スティールの『商工業者の天職』（一六八四年）に言及しながら、ピューリタンの天職論はバクスター以後、次第に「召命」の意味を弱めて経営指南に近いものになっていく、と指摘します。そしてヴェーバーの意図を忖度して、ピューリタニズムの禁欲において「召命」の意識が次第に弱まるときに、職業義務の思想が「資本主義の精神」になるということなのだ、と言います。梅津さんのこの議論は分かり易く、説得的でもありますが、ヴェーバー自身はこのような議論をしていません。ヴェーバーは、後に述べるように、ジョン・ウェズレーの著作からの引用を使って「プロテスタント的禁欲」と「資本主義の精神」の関連を社会学的に論じています。スティールの『商工業者の天職』に最初に注目したのは、近世社会理論の展開を研究したR・H・トーニーやR・B・シュラッターのような歴史家たちです。梅津さんの議論も、実際のところは、トーニー等の歴史的研究を踏まえたものであり、ヴェーバー「倫理テーゼ」に社会経済史学的な見方から修正を加えたものだ、と見做すべきでしょう。(4)

第三番目の報告は大西晴樹さんの「『洗礼派』、バプテスト派の記述をめぐって」と題する報告でした。大西さんは、イギリスのピューリタン革命期のセクト運動研究の専門家であり、そのような立場からヴェーバー「倫理」論文を詳細に検討しておられます。大西さんは報告の内容を次の三点にそのまとめておられます。第一に、ヴェーバーがバプテスト研究を、主に「原論文」発表後に進めたということ。第二に、ヴェーバーの「洗礼派」概念が、当時のメノナイト史観の影響を強く受けたものであったということ。第三に、「信仰の自由」を獲得するための運動の主役であったのは、「洗礼派」というよりは、むしろカルヴァン主義の諸ゼクテ、つまり独立派や特殊バプテスト（特殊恩寵浸礼派）だった、ということです。私は、これらの指摘は全く正しいと思います。ところで、「職業義務の思想」の源泉を「禁欲的プロテスタンティズム」に求めるという「倫理」テーゼの基本的な問題については、ヴェーバーは初期クエイカー派のバークリーが著した『弁明』（一六七六年）を主に利用しながら「再洗礼派諸派」の思想の理念型を構築しています。しかし、大西さんが指摘されたとおり、クエイカリズムを「洗礼主義」の流れの中で取り上げるのは不適切です。クエイカー派は、宗教的自由の状況が現れた内

(3) 以上について、さしあたり、山本通『禁欲と改善――近代資本主義形成の精神的支柱』晃洋書房、二〇一七年をご覧ください。

(4) R. H. Tawney, *Religion and the Rise of Capitalism: a historical study*, London, 1926,『宗教と資本主義の興隆』出口勇蔵・越智武臣訳、岩波書店（岩波文庫）、下巻、一六一―一六六頁。R. B. Schlatter, *The Social Ideas of Religious Leaders*, Oxford University Press, Oxford, 1940, pp. 194-195. なお、今関恒夫『ピューリタニズムと近代市民社会――リチャード・バクスター研究』みすず書房、一九八八年の第二章、第一節をも参照して下さい。

乱期に、ピューリタニズムに内包された聖霊主義が勢いを増した結果、そこからいわばスピン・アウトして生まれた宗教グループであり、「信仰者の教会」というゼクテ原理を本来もっていなかったのです。クエイカー派はイングランドの教会体制が崩壊した一六五〇年代に生まれたのですが、一六六〇年の王政復古以後、数十年にわたって体制側からの激しい弾圧に晒されました。クエイカーの運動は当初は無定形だったのですが、一六七八年までに迫害に対処するためにロンドン年会を頂点とするピラミッド型の教会管理組織が形成されました。また、クエイカー派の指導者たちは、クエイカーが無害であるばかりか、立派なキリスト信者であることを世間に示すために、教会訓練を開始します。ロンドン年会は『質問と忠告』を発行して、末端の信者にまでクエイカーとしての生活倫理規範の順守を徹底させて、その違反者を除籍するようになりました(5)。

それらの倫理規範の中には職業生活に関するものも含まれていました。『質問と忠告』に示された職業倫理の要点は、まず「職業を隣人への奉仕として行なえ」というものであり、その前提の下で、正直、誠実、慎重、簡素などの徳目が奨励されました。注目すべきは、クエイカーが「勤労」を勧めなかったことです。彼らは「勤労」の勧めが信者を「カネの奴隷」にしてしまうことを恐れたのです。しかし「正直」を中心とする禁欲的職業倫理を何世代にも亘って実践したクエイカーたちは、社会的信用を獲得していきます。また信者家族同士の姻戚関係の形成によってクエイカー派は氏族のようになり、一九世紀には信者数に比べて考えると、非常に多くの成功した実業家を生み出すことになるのです(6)。

このように、クエイカー派の職業倫理の形成の最大の要因は、その教会組織論ではなく、外部からの弾圧と差別という社会状況でありました。したがって、ヴェーバーが本来の意図を達成するためには、明確なゼクテ原理の教会論を唱えるセパラティストやバプテスト派、更には独立派の職業倫理を検討するべきだったのです。それができなかった原因は、大西さんが指摘された通り、ヴェーバーの時代のキリスト教史研究の水準の制約にあったのです(7)。

第四番目の報告は猪刈由紀さんによるもので、「ヴェーバーによるドイツ敬虔主義の論述」を巡るものでした。皆さんご存知のように、わが国ではドイツ敬虔主義についての研究文献は非常に少ないので、今回の報告は大変貴重なものです。[8] ヴェーバーの論述からもわかる通り、ドイツ敬虔派の特徴を捉えることは大変難しいようですが、猪刈さんの御報告は細部にまで注意を払った大変よくできたものだと思われます。敬虔派一般の特徴としてヴェーバーは、「恩恵による選び」の思想から出発し（「倫理」二二三頁）、公式のキルへ（地域包括型の教会）に所属しながら「俗世から離れた『敬虔の実践』の信奉者だけの『集会』Konventikel をつくりはじめた」（「倫理」二二五頁）と言います。これは、一八世紀後半イングランドのメソジストばかりでなく、一六世紀末から一七世紀初めのイングランドのピューリタンにも共通する特徴です。しかしヴェーバーは、ドイツ敬虔派の「世俗内禁欲」の宗教的基礎は、「ピューリタン的世俗内禁欲」のそれと比べて弱い、と評価します。ヴェーバーはその原因を、ルター派からの影響、宗教意識の感情的性格、そして聴罪制度の存続に求めます。しかし私には、ヴェーバーが両者の相違を強調し過ぎているように思えます。敬虔派が「現在における内面的な感情の昂進に宗教的欲求の目標をおいた」（「倫理」二五二頁）といった説明は、「理念型」の構成のためとはいえ、度を越したデフォル

（5） 初期クエイカーの思想については、さしあたり山本通『近代英国実業家たちの世界——資本主義とクエイカー派』同文舘、一九九四年、第二章、および西村裕美『子羊の戦い——一七世紀クエイカー運動の宗教思想』未来社、一九九八年を参照して下さい。

（6） クエイカー派の職業倫理については、山本通『近代英国実業家たちの世界』第三章、および I. Grubb, *Quakerism and Industry before 1800*, London, 1930 を参照して下さい。

（7） 一七世紀イングランドのセパラティスト、バプテストそして独立派については、大西晴樹『イギリス革命のセクト運動——増補改訂版』御茶の水書房、二〇〇〇年、M・トルミー『ピューリタン革命の担い手たち』大西晴樹・浜林正夫訳、ヨルダン社、一九八三年、岩井淳『千年王国を夢見た革命』講談社、一九九五年などを参照して下さい。

（8） 邦語文献としては、M・シュミット『ドイツ敬虔主義』小林謙一訳、教文館、一九九二年があります。

メのように思えます。(9) その背後には、資本主義発達についての先進的な英米と後進的なドイツという対比を、民族文化の相違を宗教思想の類型によって説明したいというヴェーバーの意図が感じられます。

むしろ「世俗内禁欲」という観点から言えば、敬虔派の「再生の思想」の重要性と、先ほど取り上げた「俗世から離れた『敬虔の実践』の信奉者だけの『集会』をつくりはじめた」ことの意義が、もっと積極的に評価されるべきでしょう。また、これと関連しますが猪刈さんが指摘されるように、ヴェーバー自身が指摘したドイツ敬虔派に特有な「再生の思想」の意義も非常に重要だと思われます。つまり、敬虔派の信者は、自他ともに再生者として認められることを要求されたのであり、そのために彼らは再生者にふさわしい生活をおくるように動機づけられたからです。

第五番目の報告は、馬渕彰さんによる「ヴェーバーのメソジスト派の記述」に関するものでした。メソジスト派については厖大な資料が現存し、日本でも数多くのすぐれた研究文献が刊行されてきましたから、このテーマに取り組むことにはかなりの勇気が必要です。馬渕さんが指摘される通り、ヴェーバーは「倫理」論文の二カ所でメソディズムを取り上げています。つまり、第二章第一節ではメソディズムが天職観念の発達に果たした歴史的役割を低く評価し、第二章第二節では、「プロテスタンティズムの天職倫理」が「宗教的に醒めた職業労働」に解体していく過程を説明するために、ウェズリーの「メソジスト論」という小論の一部を引用しています。馬渕さんはメソディズムの特徴についてのヴェーバーの捉え方を検討し、後者を巡る論争について考察しています。

ジョン・ウェズリーはオックスフォード大学で教育を受けたイングランド教会の聖職者であり、生涯その職にとどまりました。彼はアルミニウス主義的で道徳主義的な高教会派神学の影響下で育ちました。しかしアメリカ植民地での原住民への伝道で挫折を経験し、敬虔派のモラヴィア兄弟団の宣教師が説く「信仰のみによる救い」の教えに接して回心を体験します。しかし、やがて「信仰のみ」の教えがキリスト信者を放縦にいざなう危険性を察知して、「信仰による救い」と「善い行いによる救い」をブレンドして、独特の神学を確立したのです。ヴエーバーが「回心の激情的行為は方法的に誘致された。そしてそれに到達したのちは……この覚醒された感情はただちに、完全への合理的な努力という方向に向けられた」（「倫理」二六一頁）というのは、このことを指しているのです。だからこそメソディスト派は、信者に「キリスト信者の完全」に向けて生活を方法的・禁欲的に統御することを勧めたのです。ヴェーバーのこのような理解は全く正しい、と言えるでしょう。

しかし、後段でのウェズリー「メソジスト論」のヴェーバーの扱い方には、岸田紀が指摘した通り、大きな問題があります。[10] ヴェーバーが引用しているこの小論の中でウェズリーは、「どこでもメソジスト派の信徒は勤勉になり、質素になる。そのため彼らの財産は増加する。すると、それに応じて、彼らの高ぶりや怒り、また肉に付ける現世の欲望や生活の見栄も増加する。こうして宗教の形は残るけれども、精神は次第に消えていく。純粋な宗教のこうした絶え間ない腐敗を防ぐ道はないのだろうか」と問います。ウェズリーの意図は、富裕になって堕落した信者は地獄の底に沈められることになるので、彼らにできるかぎりの慈善を奨励することにあったのです。[11] ところが、ヴェーバーはこの文章を引用する際に慈善の勧めの部分を切り離して後ろに回すことによって、「勤労と節約の実践を通しての富裕化」をウェズリーが勧めているような印象を読者に与えようとしています。前に私はヴェーバーがバクスターの『キリスト教指針』を引用した時に、著者の趣旨をすり替えたことを指摘し

（9）これに対応する「感情的要素はもともとカルヴィニズムの信仰とは一般に無縁」（二二五頁）だという叙述も極端な類型論です。
（10）岸田紀『ジョン・ウェズリ研究』ミネルヴァ書房、一九七七年。一九一―三二一頁。
（11）イギリスのメソディズム史研究の大家であるウォードも次のように言います。「しかしながらウェズリーは富の危険について、とりわけメソジストに対して、遠慮なく警鐘を鳴らす。彼は経済的な目的のために富を取得して蓄えることを推奨しない。それらは隣人に対する愛の具体的な行動において、神のみ旨を全うするためのものなのである。贅沢は言語道断である」。W. R. Ward, Methodism and Wealth, in D. J. Jeremy, ed., *Religion, Business and Wealth in Modern Britain*, Routledge, London and New York, 1998, p. 66.

ましたが、彼はここでも同様な、改竄すれすれの巧妙な資料操作をしているのです。

実際にはウェズリーは早い時期から、信者たちが高い宗教性を維持する仕組みを確立して実施していました。ウェズレーらの運動は一七三八年に、救済に向けてメンバー相互の霊的訓練を実施する「ソサエティ」と呼ばれる小さなサークルの設立から出発しました。ウェズリーはホワイトフィールドの影響を受けて、翌年から野外説教を開始し、次いで全国を巡る宣教の旅を毎年実施するようになります。一七四一年にはウェズリーは救済予定説についての見解の相違からホワイトフィールドと袂を分かち、自分たちのグループの信者に会員証（チケット）を発行し始めました。更にその翌年からは、各地に形成されたソサエティの下に、一二名程度の信者からなる「組会（クラス）」を組織しました。メソディズム運動の末端組織である組会の成員は毎週集まり、互いの行動を霊的な観点から究明し、必要な場合には互いに非難と忠告を行ない、成員間の争いを仲裁し、誤解を正しました。したがって、組会が実際の教会訓練の現場になったのです。会員証はこの組会のメンバーであることを証しするものでした。ウェズリーと巡回説教師たちは、組会リーダーや地元の説教師からの報告を参考にして会員証を年四回、季節ごとに発行しました。したがって行状次第では、会員は容易に資格を停止されたのです。このような仕組みが信者たちの高い宗教性を維持する手段として有効に機能しないはずはありません。(12)

実際、社会的に成功したメソジストの実業家たちは、教団の宗教的・社会的活動に対して、カネと時間を惜しみなく提供しました。例えば一九〇〇年から翌年にかけて行われた教団の福祉活動のための「一〇〇万ポンド募金運動」は、彼らの協力によって成功しましたが、なかでも有力な七名の実業家は合わせて六万五千ポンドの寄付を行ないました。(13)また、ウェズリアン・メソジスト派のさまざまな全国的な委員会の成員には八七五名の俗人が登録されており、そのうち、五つ以上の委員を兼務する七六名のうち五〇名ほどは、大企業の所有者や経営者でありました。(14)ルービンステインによれば、一八・一九世紀のイギリスで一〇〇万ポンド以上の遺産をのこした億万長者（millionaire）の実業家は一八〇人なのですが、その中でメソジストは二名にすぎませんでした。信者総数がメソジストの数十分の一にすぎないクエイカーの億万長者が九名、ユダヤ教徒のそれが二八名であることを考えれば、異常なほどの少なさです。[15] これは、メソジスト実業家たちが、実業で得た富を生前に惜しみなく慈善的な事業に寄付していった結果なのです。ウェズリーの一七八〇年の『メソジスト論』に見られるような激しいアジテーションは、信者たちの耳に鳴り響き続けていたのです。ところがヴェーバーはこのアジテーションを、事実の描写と取り違えてしまいました。更に悪いことに、ヴェーバーはこれを普遍化して「ピューリタニズムの生活理想は……富の誘惑のあまりにも強大な試練に対して全く無力だった」という、全く馬鹿げた結論を導き出してしまったのです。[16]

(12) 矢崎正徳『十八世紀宗教復興の研究』福村出版、一九七三年、二一七—二二八頁、山中弘『イギリス・メソディズム研究』ヨルダン社、一九九〇年、第二章、第三章などをご参照ください。

(13) 詳しくは、D. J. Jeremy, Methodist Businessmen and Wealth, in D. J. Jeremy, ed., *op. cit.*, pp. 71-73 をご参照ください。なお、この当時の農業労働者の週賃金は約一ポンド、熟練工業労働者の週賃金は約一・五ポンドでした。

(14) 詳しくは *ibid.*, pp. 73-76 をご参照ください。

(15) 詳しくは W. D. Rubinstein, *Men of Property: the very wealthy in Britain since the Industrial Revolution*, Croom Helm, London, 1981, pp. 150-159 をご覧ください。なお、一八五一年に国勢調査が行われた日に礼拝のために教会堂に来た人の数は、ウェズリアン・メソディストが約九二万人（総人口の五・四六％）でクエイカーは約一万七千人（総人口の〇・一％）でした。また、一〇〇万ポンドを遺した実業家のうち九二名（五一％）はイングランド教会、二八名（一六％）はスコットランド教会に属していました。

(16) 教団が全体としてブルジョワ化したのはイングランドのメソジストではなく、クエイカー派です。クエイカー派は一七世紀には主に中産下層の人びとによって担われましたが、一九世紀には典型的なブルジョワの宗派になっていました。その理由として第一に、正直な取引と質素な生活の実践、第二に信者家族間の姻戚関係による結合が挙げられます。しかし、注目するべきは、一七世紀末に六万人を数えた信者数が一八世紀末には一万五千人にまで減少したという事実です。その原因の第一は、クエイカー派がこの間に全く宣教活動をしなかったことです。その第二は、比較的貧しい信者が多数アメリカに移住したことであり、それは信徒数減少数の約半分に相当すると考えられます。そして残りの半分は、除籍された信者数です。除籍の理由ところで、メソジスト運動は本来、労働者の魂の救済を目的とする信仰復興運動でありました。メソジスト派の会員資格は厳しいものでしたが、その会員数は産業革命期に急速に増加を続けました。一七九一年にウェズリーが死去してメソジストがイングランド教会から正式に分離したのち、教会統治の問題をめぐる意見の対立から様々な分派が形成されて母集団から分かれていきましたが、メソディスト・グループ全体の会員数は、一七九一年の五万六六〇五人から一八三一年には約二九万人にまで増加しました。一八五一年には、全体の会員数は約四九万人となりましたが、この年の国勢調査では、メソジスト諸派の教会堂の礼拝に出席した人の数は約一五〇万人、つまり全人口の約九％に上ったのです。[17] しかもこの間にメソジスト派は、全体として金持ちの宗教になるどころか、逆に、ますます深く労働者層に浸透していきました。教区簿冊などの膨大な資料を調査して宗派別の職業統計分析を行なった宗教社会史家マイケル・ウォッツの調査結果によると、一九世紀初頭のメソジストなど福音主義非国教徒のうちで、労働者階級に属する信者は八五ないし九〇％を占めていました。[18]

メソディズムが産業革命期に労働者大衆の中に広く深く浸透したことは、イギリス資本主義の発展のためには決定的に重要な意味を持っています。メソジスト信者である労働者たちは、メソディズムを通して生活を方法的に合理化する訓練を受けたと考えられます。これらの労働者たちは禁欲的職業倫理を職場と家庭で実践していったのです。その結果メソディズムは、ウィアマスが明らかにした通り、穏健な労働組合運動の指導者を多数輩出し、[19] また、社会史家E・P・トムスンが主張したように、工場内規律に適合的で有能な労働者を育成することに力を貸すことになったのです。[20]

二　ヴェーバー「倫理」テーゼの修正

このシンポジウムの目的は、大西晴樹さんの言葉を借用すれば、「プロテスタント各派についての研究者が、

「倫理」論文をキリスト教史の資料や最近の研究から再照射することによって、ヴェーバーの問題提起の正当性の可否に幾分か答えること」でした。大西さんが「幾分か」という控えめな表現をとられる原因の一つは、「倫理」テーゼの正当性を検証するためには、ヴェーバーが近代資本主義に適合的なエートス（精神的な機動力）として「資本主義の精神」という理念型を設定したことの正当性をも検討しなければならないにも拘らず、それが私たちキリスト教史研究者たちの研究範囲外にあるからでしょう。ヴェーバーが「資本主義の精神」の一つの例示としてフランクリンの初期の著作を取り上げたことについては、フランクリン研究者たちから数多くの批判が浴びせられていますが、この点については、ここでは不問に付します。(21) 私たちは、問題を私たちの研究範囲に限

は、他の宗派に属する人との結婚や、事業での失敗を原因とする破産、不品行など様々ですが、一八世紀のクエイカーは弱い立場の信者を非常に冷たく扱ったようです。したがって、クエイカーの場合には、宗派の宗教的腐敗が原因となって宗派のブルジョワ化が起こった、と言えるのです。ヴェーバーが言うように、信者が勤労と節約に励んで富裕になり、その結果として宗教が腐敗するというのとは、因果関係が逆なのです。この問題については、山本通『近代英国実業家たちの世界』第一章―第四章をご参照ください。

(17) 詳しくは山本通『禁欲と改善』晃洋書房、二〇一七年、一五一―一六〇頁をご覧ください。

(18) **M. R. Watts, *The Dissenters Volume II: the Expansion of Evangelical Non- conformity1791-1859*, Clarendon Press, Oxford, 1995, pp. 303-327, 718-788,** これは五二の州についてのものですが、山本は『禁欲と改善』一六五―一六七頁で、それらにうちの七州について紹介しました。それらを更に簡略化すると、一八三〇年のウェズリアン・メソディスト派信者の七八・八%、メソディスト・ニュー・コネクションの信者の八四・一%、プリミティブ・メソディスト派の信者の九三%、バイブル・クリスチャン派の信者の七八・〇%が、労働者階級に属していたことがわかります（同書、二九四―二九五頁）。

(19) ロバート・F・ウィアマス『宗教と労働者階級――メソジズムとイギリス労働者階級運動一八〇〇―一八五〇』岸田紀・松塚俊三・中村洋子訳、新教出版社、一九九四年。

(20) エドワード・P・トムスン『イングランド労働者階級の形成』市橋秀夫・芳賀健一訳、青弓社、二〇〇三年。特にその第一一章。

(21) この問題については、さしあたり山本通『禁欲と改善』第一章をご覧ください。

定する必要があります。

その場合に手がかりになるのは「職業義務の思想（エートス）」という概念です。ヴェーバーは、現代において私たちは「各人は『職業』活動の内容を義務として意識すべきだと考え、また事実意識している」が、これは資本主義文化の重要な構成要素なのだ、と言います（「倫理」三〇頁）。他方でヴェーバーは、ピューリタンが労働を「神が定めたまうた生活の自己目的」（「倫理」三〇四頁）とみなし、天職を「神の栄光のために働けとの個々人に対する戒命」（「倫理」三〇六頁）とみなした、と言います。ヴェーバーの言う「禁欲的プロテスタントの倫理」と「資本主義の精神」の関係は、この「宗教的な職業義務の思想」と「世俗的な職業義務の思想」の関係とパラレルになっています。つまり、ヴェーバーが言う「プロテスタンティズムの倫理」は「宗教的な職業義務の思想」に基づいて禁欲的職業倫理の遂行を促す心性（エートス）なのであり、ヴェーバーの言う「資本主義の精神」とは、「世俗的な職業義務の思想」に基づいて禁欲的職業倫理の遂行を促す心性（エートス）なのです。したがって私たちは、「禁欲的プロテスタント諸派」が宗教的な「職業義務の思想（エートス）」を培養したのかどうかを検討することにしましょう。

ところで、ヴェーバーの問題設定とアプローチの手法は、通常のキリスト教社会思想史研究とはずいぶん異なっています。後者においては、キリスト教諸教会と諸宗派の経済論や経済倫理の歴史的展開が、背景となる経済事情の変化やキリスト教諸グループの置かれた状況と関連させて考察されます。エルンスト・トレルチやR・H・トーニーの有名な研究は、そういう種類のものです。(22) これに対してヴェーバーの「倫理」論文は、教義自体の研究ではなくて、「宗教的信仰および宗教生活の実践のうちから生み出されて、個々人の生活態度に方向と基礎を与えるような心理的機動力」（「倫理」一四一頁）を明らかにしようとするものなのです。(23)

この意味で、ヴェーバー「倫理」テーゼの生命線となるのは、次のような論理です。つまりヴェーバーは、「禁欲的プロテスタント諸派」の教義の中でも、とりわけ恐るべき二重予定説や宗教的貴族主義の「聖徒の教会」というゼクテ原理が、信者たちに「恩恵の地位」の確証を得たいという切実な思いを抱かせた、と言います。また彼らは、俗世から自分たちを区別する「恩恵の地位」が独自の行状によって確証されると考えたので、個々の信徒の心の中には、「恩恵の地位」を確保するために生活を方法的に統制し、そのなかに禁欲を浸透させようとする機動力が生まれた、と言います（「倫理」二八六頁）。

ヴェーバーは、この「生活を方法的に統制する」ことを「職業労働への専心」と同一視します。前述のようにヴェーバーは、カルヴァン主義聖職者たちが、二重予定説から生じる信者たちの不安と苦悩を和らげるために、自己確信を得るための手段として「絶え間ない職業労働を厳しく教えこんだ」として、その証拠としてバクスターの『キリスト教徒指針』に言及しました。しかし、バクスターはそのような意図をもって職業労働を勧めたわけではありませんでした。逆に、ヴェーバーが二重予定説を説明するために引用した「ウェストミンスター信仰告白」には「自分の召命と選びを確かにするために全く勤勉に努めることは、すべての信者の義務である」との文言がありますが、ここには職業労働についての言及はありません。[24] 信者が勤勉に努めるべきことは、救い主への信仰を堅く保つこと、罪を悔い改めること、絶えず祈ること、聖職者の教えに耳を傾けてそれに従うこと、隣人と教会に奉仕することなど、生活全般の聖化なのであって、勤労はそれらのうちの一つにすぎません。「禁欲的プロテスタント」の二重予定説やゼクテ原理が、信者たちを職業労働に駆り立てる原因となり、そこから「職

---

(22) Ernst Troeltsch, *Die Soziallehren der christlichen Kirchen und Gruppen*, Tubingen, 1912; R. H. Tawney, *op. cit.*

(23) ヴェーバー自身が「倫理」論文の序文の中で次のように説明しています。「(トレルチの大著は) さまざまな方面に深い関心を持ちながら、しかも彼独自の観点のもとに西ヨーロッパのキリスト教倫理の普遍史をとりあつかったものだ。ただ、この書の著者が諸宗教の教義に一層重点をおいているのに対して、私は実際生活に対するそれらの影響を問題にしている」と（「倫理」一三一一四頁）。

(24) 日本基督改革派教会大会出版委員会編『ウェストミンスター信仰基準』新教出版社、一九九四年、六三頁。

業義務の思想（エートス）」が生まれた、という論理は、短絡的であり、強引です。実際ヴェーバーは、すでに指摘したように、この論理を史料的に根拠づけるために、改竄すれすれの処置を史料に施していたのです。

したがって、ヴェーバーの「倫理」テーゼの根幹部分は、支持できないものです。しかし私は、「倫理」論文全体を無意味なものとして否定するのではありません。「禁欲的プロテスタント諸派」の聖職者たちが信者たちに、職業労働における怠惰を戒め勤労を説き、取引において正直で誠実であり（公正価格の遵守）、時間を厳守して負債を避け、慎重な営業を行い（リスクを避ける）自己審査を怠らず（記帳の習慣）、簡素な生活を続ける、といった徳目を実践するよう奨励したことは、ヴェーバー自身と彼以後の多くの歴史家たちによって実証されてきたからです。これを「世俗内禁欲労働」と呼ぶならば、私たちはこれらの宗教グループが「世俗内禁欲労働」を実践した動機について、歴史的背景を踏まえて考え直す必要があります。そうすることによって私たちは、ヴェーバー「倫理」テーゼを修正して、もっと説得的な歴史解釈を提供することができると思います。以下では、そのような研究を進めるうえで手掛かりとなると私が考えている事柄を、手短にご紹介したいと思います。

まず指摘したいのは、上記の意味での「世俗内禁欲労働」を勧める文献は一七世紀後半以後の西ヨーロッパに見られるのであって、それ以前には見られないということです。大黒俊二の研究によりますと、西ヨーロッパ中世において商業は「嘘と貪欲」の業と見做されていましたが、一三世紀以後、商業活動が「必要であり、有益」であるという見解が聖職者の中から現れてきます。さらに一三世紀イタリアで生まれて近世に西ヨーロッパ各地で著わされた「商業の手引き」というジャンルの文献の中に、一五世紀以後になると「完全な商人」という理想像が描かれるようになります。しかしその理想像は、外国貿易で財を成す貿易商人が、同時に高貴な人文主義的教養人になるべきだ、というものでした[25]。その理想像の中には、小規模な商人の姿や「禁欲的職業倫理」は未だ登場しません[26]。

他方で、一六世紀後半イングランドのカルヴァン主義聖職者の著作にも「世俗内禁欲労働」の勧めは見られません。例えば、堕罪前二重予定説をイングランドで最初に展開したウィリアム・パーキンズは、一六世紀の末に『職業論』を著しました。彼は人が神から呼び出されてキリスト信者になることを「一般召命」、世俗内の職業を「特殊召命」と呼び、キリスト信者は「公共の福祉」のために、世俗の職業の義務を熱心に遂行しなければならないと言います。彼が職業遂行において最も重視するのは「一つの職業を継続すること」です。彼は、世俗の職業は「神聖に」つまり、信仰と愛をもって遂行されなければならないというのですが、それはすなわち、経済活動における「嘘と貪欲」を厳しく戒めるという意味であって、前述の意味での「世俗内禁欲労働」の勧めではありません。(27)

前述の意味での「世俗内禁欲労働」の勧めが語られるバクスターの『キリスト教徒指針』(一六七三年)やR・スティールの『天職論』(一六八四年)やクエイカー派の『質問と忠告』(一六八二年―)は、いずれも一七世紀後半のイングランドにおいて現れました。一七世紀というと、スペイン帝国とポルトガル王国に代わってオランダ共和国とイングランド王国がヨーロッパの経済大国にのし上がった時期です。オランダとイングランドは重商主義政策によって海外植民地争奪戦に勝利して海外貿易を大いに推進したのですが、その国力の基礎には国内産業

(25) 大黒俊二『嘘と貪欲』名古屋大学出版会、二〇〇六年、第九章。
(26) 石坂昭雄・壽永欣三郎・諸田實・山下幸夫『商業史』有斐閣、一九八〇年、一六三―一六四頁において、石坂昭雄がサヴァリーの『完全な商人』(一六七五年)とデフォーの『完全なイングランドのトレイズマン』(一七二五、二七)が描く理想の商人像を見事に対比させています。
(27) 岸田紀は『ジョン・ウェズリ研究』四二頁で、パーキンズが職業の「正しき行使」をも「永遠の救い」の条件となるべき「よきわざ」としたと言いますが、パーキンズの『天職論』には、それに該当する記述は見当たりません。岸田は、「慈善」を強調するウェズリーとの対比でパーキンズの職業論を取り上げたのですが、両者の違いを強調するために、カルヴァン主義についての先入観によって間違いを犯したのでしょう。パーキンズの二重予定説、決疑論そして職業論については、山本通『禁欲と改善』第三章をご覧ください。

（農業、手工業と国内商業）の目覚ましい展開がありました。英蘭戦争に敗れたオランダは一七世紀末以後、衰退に向かいますが、その頃までにはイングランドでは封建的なギルド制が実質的に解体し、全国各地で様々な特産品の生産が行われて全国的な規模での社会的分業の体制が形成されてきました。また商業分野では各地の都市を中心として地域的市場圏が形成され、それらが首都ロンドンを中心とする全国的な商品流通組織に組み込まれていったのです。いわゆる「産業革命」に先立つこの時代は、未曾有の商工業の発展が始まった時期でした。

そのような状況の下では、中小規模の商工業者にも経済的なチャンスが訪れますが、それは多くのリスクをも伴うので、聖職者たちは信者たちが有徳で堅実な生活を続けていくように熱心に指導する必要を感じたのです。実際、バクスターが一七世紀中葉に一四年にわたって司牧したイングランド中西部のキダミンスター教区は毛織物工業が盛んな地域で、その住民の多くは手工業者を中心とした中小の商工業者たちでした(28)。また、一七世紀後半の初期クエイカー運動の担い手の大部分は、手工業者や中小の商人たちだったのです(29)。

前述の意味での「禁欲的職業倫理」は、ダニエル・デフォーの大著『完全なイングランドのトレイズマン』（一七二五、二七）において、全面的に展開されました。この本の目的は第一に、国内の商工業主になろうとする若者たちに、実業で成功してその繁栄を維持する秘訣を教えることであり、第二に、近代イングランド商業の偉大さを称揚することでした。第一の目的のためにデフォーが若者たちに勧めるのは、商工業者にとって必須の商業・経営の技術と「禁欲的職業倫理」の実践です。しかしデフォーは、前者は後者に支えられなければ全く無益になる、と言います。デフォーは商工業者が修得して実践するべき職業倫理が勤勉（diligence）、慎重（prudence）、忍耐（patience）、節倹（frugality）、正直（honesty）などの徳目からなると言い、具体例を挙げながらそれらの意味するところを詳述します。これらの徳目の持続的な実践は、つまるところトレイズマンの社会的信用を高めるのであり、社会的信用こそは商工業者の事業の実質を支えるものだ、とデフォーは言います(30)。

ご注意いただきたいのは、デフォーの『完全なイングランドのトレイズマン』には宗教色が全く無いことです。

デフォーは『ロビンソン・クルーソー漂流記』という小説の作者として有名ですが、実は国民経済と実業界の事情に大変詳しい人でした。彼自身、若いころに事業に失敗して二度の倒産を経験し、四〇歳代半ばからは経済ジャーナリストとして活躍していたのでした。デフォーが『トレイズマン』を執筆したのは彼が六〇歳代後半になった時であり、その執筆の動機の一つは、多くの若者が破産していく事実を見たからでもありました。しかし他方でデフォーは、このような徳目の模範となるトレイズマンの存在をも例示しています。山下幸夫が指摘したように、産業革命に先立ついわゆる「マニュファクチャー期」においては、このような社会的浮沈の対流現象が存在しており、若いトレイズマンが事業において成功して堅実に社会的に上昇するためには、このような「禁欲的職業倫理」の実践が必須だったのです。(31)

おわりに

マックス・ヴェーバーは「倫理」論文の終わりに近いところで、次のように言います。「宗教的生命にみちていたあの一七世紀が功利的な次の時代に遺産として残したものは、何よりもまず、合法的な形式で行われるかぎ

(28) 梅津順一『ピューリタン牧師バクスター』五三―五六頁、今関恒夫『バクスターとピューリタニズム』ミネルヴァ書房、二〇〇六年、八二―九三、一五三―一六一、一七三―一九六頁を参照してください。
(29) 山本通『近代英国実業家たちの世界』一〇―一五頁、大西晴樹『イギリス革命のセクト運動・増補改訂版』を参照してください。
(30) デフォーの『完全なイングランドのトレイズマン』の内容は、山下幸夫『近代イギリスの敬座思想――ダニエル・デフォーの経済論とその背景』岩波書店、一九六八年の第三章で見事に要約されて崩壊されています。なお、山本通『禁欲と改善』一三二―一三六頁をもご覧ください。
(31) 山下幸夫、前掲書、第三章、第四節をご覧ください。

りでの、貨幣利得に関する恐ろしく正しい……良心に他ならなかった」（『倫理』三五六頁）と。また彼は、「純粋に宗教的な熱狂がすでに頂上をとおりすぎ、神の国を求める激情がしだいに醒めた職業道徳に解体しはじめ、宗教的根幹が徐々に生命を失って功利的現世主義がこれに代わるようになったとき」に「禁欲的職業倫理」が経済への影響力を全面的に現すにいたる、と言います（『倫理』三五五頁）。そうしてヴェーバーは、自らのテーゼを次のような言葉で簡潔に表します。「近代資本主義の精神の、いやそれのみでなく、近代文化の本質的構成要素の一つの構成要素というべき、天職理念を土台とした合理的生活態度は――この論稿はこのことを証明しようとしてきたのだが――キリスト教的禁欲の精神から生まれ出たのだった」（『倫理』三六三―三六四頁）と。本当でしょうか。

私はこのような「倫理」テーゼを支持しません。もし「職業を自らの使命と考えて、一切の自然な享楽を厳しく斥けて、ひたすら貨幣獲得に努力する精神」を「資本主義の精神」と名付けるならば、それは「プロテスタント的禁欲」から生まれたのではなく、資本主義という社会経済システム自体が生み出したものなのです。他方、一七世紀のイングランドに見られた宗教的熱狂は、一八世紀後半と一九世紀後半に北アメリカとドイツとイギリスで見られた福音主義の「信仰復興運動」と「第二次信仰復興運動」において再燃します。また、「プロテスタント的禁欲」は死滅するどころか、例えばガーネットが、一九世紀中葉の大量の文献の調査によって明らかにしたように、新しい状況に応じて洗練されて、たくましく生き続けていったのです(32)。コメントの最後に、この点について手短にご紹介しましょう。

産業資本が確立したイギリスでは、企業間の競争は熾烈さを増し、不正な商行為が多数発生しましたが、これらを取り締まる法制の整備は遅れました。また、一八二五年以後だいたい一〇年ごとに起こった全般的過剰生産恐慌によって多くの企業が倒産しました。こうした状況の中で福音主義諸派（イングランド教会内部の福音主義者、メソジスト、会衆派そしてバプテスト）の聖職者や俗人は、経済全体の発展のためには自動的な経済法則の傘の下で個々人が自由に経済的利益を追求することが望ましい、という見方を鋭く批判しました。彼らは、実業界における倫理道徳の守護神を自認して、説教、講演、神学論文（tracts）や定期刊行物の中で、経済活動において実業家が採るべき姿勢を、福音主義の立場から論じました。実に莫大な情報が提供されましたが、そこには宗派の枠を超えた共通の見解が示された、とガーネットは言います。

　福音主義者たちは、経済活動における競争自体を悪として否定するのではなく、利益を上げるための不良品、詐欺的な宣伝、二重価格設定、信用貸しの濫用といった詐欺的行為を批判しました。また、リスクを冒すことの必要性を認めたうえで、そのリスクの内容について精査することを勧めました。彼らが強調したのは会計簿の適切な記帳を続けることの重要性でした。それが事業者に、自己の能力を超える事業を避け、破産の危険を未然に防ぐことを可能にさせる、と説きました。実際に教会メンバーが破産した場合には、その破産の状況と原因について詳細な調査が行われましたが、その規律の執行（戒告、教会員資格の停止、除籍）は当該教会の会員資格のリスペクタビリティーを強める効果を持ちました。産業革命期の企業は、大部分がパートナーシップの組合企業形態で創業されたのですが、社会的遊休資金を吸収するための株式会社に関する法制が一八六二年までに整備されました。福音主義者たちは、資本家による設備投資のために株式会社が有益であると評価しながらも、その有限責任性が資本家の責任感を弱める危険性を憂慮し、投資家に対しては慎重な姿勢を推奨しました。

　多くの福音主義者が取り上げた「よき管財人」というテーマは、労働や慈善の問題とも関係づけられました。雇用主は自分の道徳的立場を審査するとともに、従業員を正当に扱うことに留意するべきだ、と勧告されます。従業員の才能と努力に対して正しく報い、良好な雇用・労働条件を確保せよ、というわけです。労働については

（32）以下の叙述は、Jane Garnett, 'Aspects of the Relationship between Protestant Ethics and Economic Activity in mid-Victorian England' D. Phil. thesis, University of Oxford, 1986. および do., 'Evangelicalism and Business in Mid- Victorian Britain' in John Wolffe ed., *Evangelical Faith and Public Zeal*, SPCK, London, 1995 を基にしています。

「働き過ぎ」を戒め、余暇を確保することが仕事の効率を上げる、という主張がなされました。また「よき管財人」は「よきサマリア人」でもあるべきだ、といわれます。[33] 具体的には、詳細で定期的な会計帳簿の記帳の習慣化したうえで、計画的に慈善を行うことが推奨されたのです。[34] 福音主義者たちは、数多くの実業家の伝記を著わしました。そこでは、欠点や弱点をもつ若者が、実業界で様々な誘惑や危険に遭いながらも「禁欲的職業倫理」を実践して、ついには立派に事業に成功し、その富で慈善活動を行うというストーリーが展開されました。実業界はまさに、営利と倫理の戦場として描かれました。それらの中でも、ウェズリー派メソジストのウィリアム・アーサーが著わした『成功する商人（The Successful Merchant）』（一八五二年）は当時のベストセラーになりました。一八五五年までに四三刷が出版され、ウェールズ語、オランダ語、フランス語、ドイツ語に訳され、一九世紀末までに八万四千冊が売られたのでした。

(33)　「よき管財人」についてはマタイによる福音書二五・一四―三〇など、「よきサマリア人」についてはルカ福音書一〇・二五―三七をご覧ください。勤労の勧めについてのテサロニケの信徒への手紙二　三・六―一五はあまりにも有名です。なお、キリスト教社会倫理の基礎が「隣人愛の勧め」（マタイによる福音書二二・三四―四〇など、ヨハネによる福音書一三・三一―三五、ローマの信徒への手紙一三・八―一〇、コリントの信徒への手紙二　八・一―一五など）と「貪欲への非難」（マタイによる福音書六・一九―二〇、二四、一九・一六―二四、ルカによる福音書一二・一三―二一、ヤコブの手紙五・一―三、など）であることは、言うまでもありません。

(34)　一八六〇年には「計画的慈善協会 Systematic Beneficence Society」が創設されました。この教会の目的は、福祉・慈善活動ではなく、計画的な慈善を推奨・指導することにあり、働きかけるべき対象には富者だけではなく、貧者も含まれました。

「倫理」正誤表

大塚訳ページ数	誤	正
69	……、十八世紀のメソジスト派労働者たちが仲間からうけた嫌悪や迫害の原因は、彼らの労働用具がたえず破壊されたことが報告されているのでも知られるように、主としてあるいはもっぱら宗教的な常軌を逸した行動だったのではなくて—イギリスではそのような事例が多数あり、かなり目立ったものも見られたが—むしろ今日風に言えば、彼ら独自の「労働意欲」に関連していたのだった。	
102	「コリント人への第一の手紙」1章26節、「エペソ人への手紙」1章18節、4章1節および4節、「テサロニケ人への第二の手紙」1章11節、「ヘブル人への手紙」3章1節、「ペテロの第二の手紙」1章10節などがそれだ。	「エペソ人への手紙」1章18節、4章1節および4節、「テサロニケ人への第二の手紙」1章11節、「ヘブル人への手紙」3章1節、「ペテロの第二の手紙」1章10節などがそれだ。
103	ルッターによる「ベン・シラの知恵」のこの個所の翻訳は、私の知るかぎりでは、ドイツ語の »Beruf« が今日の純粋に世俗的な意味に用いられた最初の場合だ。	ルターは Beruf という言葉に職業という意味を与えなかった。
103	ルッターも、最初のうちは »Ruf« と »Beruf« の間を揺れている	揺れているというより、ルターはおそらく ruff と beruff を無意識に区別なく使っていたと思われる。
114	この思想は、ルッター以前の時代にはタウラー（Tauler）に見られる。タウラーは、世俗のそれであれ聖職のそれであれ、»Ruf«「召命」は原理的にすべて同じ価値をもつと考えた。	タウラーは一般のキリスト者にも召命があるとした点に新しさがある。しかし聖職者のそれを上位に置いている。
122	ところが、彼は同時に、ますます、各人の具体的な職業は神の導きによって与え	内容は正しいが、「考えるようになってきた」のではなく、それ以前からこのよ

訂正の根拠
メソジスト派への迫害の原因が、同派の独自の「労働意欲」とされているが、ヴェーバーは、この記述の典拠を示していない。どの地域のことを論じているのかも不明。
「コリント人への第一の手紙」1章26節のクレーシスはruffである。WADB7., 104. MWG I/18, 217.
Berufという言葉に注目してルターの著作を検討した結果、今日われわれが職業という意味でルターがBerufを使用した個所を見出すことはできなかった。「ベン・シラの知恵」11: 20, 21でルターが世俗的活動を意味するポノス、エルゴンをBerufと訳したからといって、Berufを職業と解するのは早計である。ルター自身、当時beruffという言葉を使っていたが、その意味は命令、召し、立場、職務、従順などで、職業とまでは行きつかなかった . Das Euangelium an S. Johannis tag, WA.10/1/1, 1910, 305-324. 沢崎堅造は、「ベン・シラの知恵」11: 20, 21に言及し、ルターがもし原義に忠実なら、そのBerufは決して近代的意義の活動的労働を意味しない。状態、地位、身分を重んじるところの考えに近いと解している。沢崎堅造著『キリスト教経済思想史研究』未来社、1965年、52-54頁。
ruffとberuffの言葉の揺れに関して、ルターが年代ごとにberuffを使用した回数を調べてみると、ルターが初めてberuffを使用した1522年が18回で、最多は1531年の44回である。傾向をみると、1522年から1524年にかけては少し多めの31回。使用回数が最も多いのは1525年から1533年にかけての186回。晩年は少なくて、1540年から1546年は19回である。こうしてみると、ルターは必ずしも言語使用において、一直線にruffからberuffに向かっていたとは言えない。チュービンゲン大学　後期中世と宗教改革研究所 Luther ArchivのBeruf (beruff)の用語調査による。
タウラーは「説教42」で、「聖なるキリスト教という体の目に当たるものは、教師である。これはあなたがたとは関係がない」と語った。J.タウラー著・田島照久訳『タウラー説教集』(ドイツ神秘主義叢書4)、創文社、2004年、107頁。K. Holl, Die Geschichte des Worts Beruf, *Gesammelte Aufsätze zur Kirchengeshichte III, Tübingen, 1928, 206. W. Conze, Art. Beruf in: Geschichteliche Grundbegriffe historisches Lexikon zur politisch-sozialen Sprach in Deutschland,* 2004, 493.
「聖ヨハネの日の説教」(1522) でルターは、神に仕えるとは、日常の職務に精励して神の命令に従うことだと説く。WA.10/1/1, 310. 椎名もルターの考えに変化はないとする。椎名重明著『プ

	られたものであり、この具体的な地位を充たせというのが神の命令だ、と考えるようになってきた。	うな考えは一貫している。
133-134	すなわち、改革者のうちの誰の場合にも、…ウェズリー（Wesley）などの人々も加えねばならないが—倫理的な綱領などといったものは決して中心問題となっていなかった。彼らは決して、「倫理的文化」を目標とする団体の創設者でもなかったし、また人道主義的な社会改革運動やそうした文化理想の代表者でもなかった。彼らの生涯と事業の中心は魂の救済であり、それ以外にはなかった。	
138	メソジスト派は最初十八世紀の中葉イギリス国教会の中で生まれ、創立者たちの意図では独立の教会をうちたてようとしたのでなく、むしろ在来の教会の内部に禁欲的精神を喚起しようとしたもので、それが発展の過程で、わけてもアメリカへの伝道に際してはじめて国教会から分離したのだった。	
142 他に 213	Sanford, *Studies and Reflections of the Great Rebellion*	Sanford, *Studies and Illustrations of the Great Rebellion*
150 他に 190, 216	ハンサード・ノリーの信仰告白	ハンサード・ノウルズが筆頭署名者である『第二ロンドン信仰告白』
150	（アメリカの）ハンサード・ノリーの宣言	ハンサード・ノウルズが筆頭署名者である『第二ロンドン信仰告白』など

ロテスタンティズムと資本主義』東京大学出版会、1996年、19頁。
単純化されすぎたウェスレーの人物像。ウェスレーは、彼の日誌にも記されているように、魂の救済を中心としていたとは思えないような様々な事業に関心を示し、積極的に取り組んでいる。また、人道主義的な社会改革運動やそうした文化運動の指導者ではなかったという指摘も、ウェスレーの日誌に記されている活動からすると、適切とは思えない。cf., Richard P. Heizenrater, *The Elusive Mr. Wesley*, 2 vols., Abingdon Press, 1984.
創立者ジョン・ウェスレーはイギリス国教会司祭であり、メソジスト派がイギリス国教会内部に働きかけた運動であるのは確かだ。また、国教会からの分離についても間違いではない。しかし、メソジスト派は、イギリス国教会内に限定された運動ではなく、国教会外での活動も活発だった。この点はメソジスト派の特質を語るうえで重要である。ウェスレーは、イングランドだけでなく、ウェールズ、スコットランド、アイルランドなどの各地で会員制のメソジスト会（ソサエティ）を設立し、それらを連合させた。各地の会では、国教会外の人々も会員となっている。cf., Gordon Rupp, (ed.), *A History of the Methodist Church in Great Britain*, Vol. 3., Epworth Press, 1983.
誤記。正式な書名は John Langton Sanford, *Studies and illustrations of the Great Rebellion*, London, 1858. (Cf. Schulchter/Bube(Hrsg.), Max Weber, *Die protestantische Ethik und der Geist des Kapitalismus/Die protestantischen Sekten und der Geist des Kapitalismus*, Mohr (Siebeck), 2016, S. 648)
曖昧な記載。ヴェーバーは信仰告白の名称を表記せずに、37名の署名者の筆頭にある牧師の名前をかぶせて「ハンサード・ノリーの信仰告白」と記述しているが、これは、典拠資料の曖昧な記述である。『第二ロンドン信仰告白』は、『ウェストミンスター信仰告白』を土台にして作成されており、当時のバプテスト派の信仰告白・信仰宣言の中では最も長老改革派の信仰告白に近い。また筆頭署名者としてハンサード・ノウルズの名前が出ているのは、1677年の初版ではなく、216頁に記されているように、名誉革命後の寛容法により信教の自由の保障を得た1689年の再版の方なので、ヴェーバーは再版に典拠したことが分る。正式なタイトルは *Confession of Faith Put forth by the Elders and Brethren of many Congregations of Christians (baptized upon Profession of their Faith) in London and Country*, London, 1677. in W. L. Lumpkin (ed.), Baptist Confession of Faith, Chicago, 1959. 邦訳は、斎藤剛毅編『資料バプテストの信仰告白』ヨルダン社、1980年、138-198頁。キリスト教古典叢書刊行委員会編訳『信条集　後篇』新教出版社、1957年、225-260頁。
曖昧な記載。バプテストの場合、「信仰告白」と「信仰宣言」境目は明確でないので、ヴェーバーのように「宣言」と表記することもできるが、複数形が使われているので、ヴェーバーの念頭には、「第二ロンドン信仰告白」以外の信仰告白、信仰宣言も含まれているのかも知れない。ハンサード・ノウルズ個人についていえば、ニュー・イングランドに行っていたのは、1637年から1641年の数年間であり、ノウルズを（アメリカ）と形容するのは不適切である。むしろ、「第二ロンドン信仰告白」をベースに出来たアメリカのフィラデルフィア信仰告白（1742）、ニューハンプシャー信仰告白（1833）などのことを指しているのかも知れない。

165	バニヤンはカルヴァン派内部における教派の相異には無関心であったが、彼自身は厳格なカルヴァン派的バプテスト（a strict Calvinistic Baptist）であった	バニヤンの教会は、幼児洗礼を否定し、再洗礼を受ける者も、そうでない者も共存する「受洗した独立派」（the Baptized Independent）の教会であった。バンヤン自身は、再洗礼を受け入れたが、カルヴァン派内部における教派の相異には無関心であった。
170	ハンサード・ノリーの信仰告白、第一六章	ハンサード・ノウルズが筆頭署名者である『第二ロンドン信仰告白』第一六章七節
177	ウェストミンスター信仰告白によれば、われわれは如何なる行為をもってしても常に「無益の僕」であり（一六章二項）、また悪との闘いは生涯つづく（一八章二項）のだけれども、選ばれた者には誤りえない恩恵の確かさの予期を与えている（一八章二項）。	ウェストミンスター信仰告白によれば、われわれは如何なる行為をもってしても常に「無益の僕」であり（一六章五項）、また悪との闘いは生涯つづく（一七章一項）のだけれども、選ばれた者には誤りえない恩恵の確かさの予期を与えている（一八章二項）。
197	十八世紀にピュウリタン的思想の最後の目ざましい復興を担った人々が「メソジスト」methodist（方法派）の名でよばれ、……	
211	独立派系カルヴァン派信徒のオウエンだ	独立派系カルヴァン派牧師のオウエンだ
211	(Owen, *Inv. into the Origin of Ev.Ch.*)	(Owen, *An Inquiry into the Original, Nature, Institution, Power, Order, and Communion or Evangerical Churches.The First Part. with An Answer to the Discourse of the Unreasonableness of Separation(1681), written by Dr Edward Stillingfleet, Dean of St Paul's; and in defewrnce of the Vindication of the Nonconformist from the Guilt of Schism. London, 1681.*)
231	プレイズゴッド・ベアボウン（Praisegod Barebone）が属していいたカルヴァン派系バプテスト派	プレイズゴッド・ベアボウン（Praisegod Barebone）が属していたセパラティスト教会
232	こうした意味での教会の最初の宣言は、おそらく、一六一二年ないし一六一三年にアムテルダムで行われたイギリスのバプティスト派の宣言だろう。「当局者は	こうした意味での教会の指導者の最初の宣言は、一六一二年のイギリスのジェネラル・バプテスト派のトマス・ヘルウィスのものであろう。「国王は死すべき人

最近の研究による補足。バニヤンのベッドフォードの教会は、独立派教会（Independent's Church）であり、その会衆の中には、幼児洗礼を否定する者もいれば、肯定する者もいた。バニヤン自身は、幼児洗礼を否定したとしても、独立派教会を割って独立したバプテスト教会を設立した訳でもない。
典拠：M.Tolmie, *The Triumph of The Saints*, Cambridge UP, 1977, pp. 59-60. 大西晴樹・浜林正夫訳『ピューリタン革命の担い手たち』ヨルダン社、1983 年、121 頁。

曖昧な記載と補足。「善き行為でも、それが神の栄光のためのものでなくて、なんらかの他の目的のためになされるばあいには、罪に染んだものなのだ」という意味の文言は、第 16 章でも 7 節の告白文に見られる文言の、ヴェーバーによる意訳。正確には、「その行いは、信仰によってきよめられた心から出てきたものでも、み言にしたがった正しい方式や、神の栄光のための正しい目的にかなって、なされたものでもない。それゆえ、そのような行いは罪に満ち、神を喜ばすことはできないし、神の恵みを受けいれるにふさわしい人をつくることもない」。斎藤剛毅編『資料バプテストの信仰告白』ヨルダン社、1980 年、172 頁参照。

誤記。『ウェストミンスター信仰告白』は、Ph. Schaff, *The Creeds of Christiandom*, vol. 3, 1877, その邦訳は、キリスト教古典叢書刊行委員会編訳『信条集　後篇』新教出版社、1957 年、182-209 頁をよく読むと、ヴェーバーの文言と、同告白の章と項目の番号が符合していないことに気がつく。この表記ミスの指摘については、安藤英治『ウェーバー歴史社会学の出立』未来社、1992 年、312 頁においてすでに指摘されているが、それでもなお正確ではない。

ピュウリタン的思想の復興を担ったという表現は、一面的な説明であり、誤解を招くと思われる。ウェスレーが用いた方法の中には、国教会などピューリタンのものとは異なる起源に由来するものもある。以下参照。坂本誠『ウェスレーの聖餐論』教文館､2009 年。岸田紀『ジョン・ウェズリ研究』ミネルヴァ書房、1977 年。

誤記。たとえば、R.L.Greaves, 'Owen John,' *Oxford Dictionary of National Biography*, 2004 を参照。

引用文献の正式な題名ではない。ヴェーバーは「『再生したあるいは聖別された人間であるとの確証をあたえる者のみが、見ゆべき教会に属する者として受けいれられ、またそれに数えられねばならない。このことが欠けているばあい、教会の最も大切な本体が失われる』という形に原則を定式化している」とこの文献の内容を要約しているが、そこまで、オウェンが述べているかは疑問。オウェンは、イングランド国教会からの分離を主題としたこの文献において、「人間は、彼らが喜んで参加する教会を選ばなければならないし、その教会で、教化と救済の最大の便宜を受けるであろう。彼らは教会を選べるし、自ら参加できる、それが万事において神のご意志に沿っているのである。これが万人の自由と義務なのである」（W. H. Goold (ed.), *the Work of John Owen*, vol. 15, p. 320）と述べるのがせいぜいで、ヴェーバーがいうように、再生や聖別の確証まで述べていない。

研究の進展により、誤記と判明。たとえば、S. Wright, 'Barbon Praisegod,' *Oxford Dictionary of National Biography*, 2004 を参照。

事実誤認。ヴェーバーが引用したこの教会の宣言は、イギリスのバプテスト派の宣言というよりは、亡命地アムステルダムにおいて、イギリスのバプテスト派に破門された群れが、オランダのメノナイト・ウォーターランド派に加入する際に用いた信仰告白からの引用である。これは、16 世紀の大陸再洗礼派同様、当局者を否定するような内容の文書が後に続くから、ヴェ

	宗教あるいは良心に関することがらに介入すべきではない。……けだし、キリストのみが教会および良心の王また立法者であり給うからである」。	間であり、神ではない。それゆえ臣民の不滅の魂に対して法律や法令を作ったり、霊的領主を置いたりする権力をもたない」。
232	国家による良心の自由の成文法的保護を権利として要求した最初の教会の公文書は、おそらく一六四四年の（特殊恩恵説をとる）バプティスト派の信仰告白第四十四条だったろう。	国家による良心の自由の成文法的保護を権利として要求した最初の教会の公文書は、おそらく一六四六年の（特殊恩恵説をとる）バプテスト派の信仰告白第四十八条だったろう。
236	改革派的基調の、再生者はある程度までキリスト教的完全に達しうるとの信念	
240	註 5）シュペーナーは、ベイリーやバックスターのほかに（*Consilia theologica*, III, 6, 1 dist. 1, 47, das. dist. 3, 6 を見よ）、とくにトマス・ア・ケムピス、とりわけタウラーを高く評価している	*Consilia theologica* III, 6, 1, dist., 3, 6 ではなく、Consilia theologica III, 6, 1, dist., 3, 7
242	これは、予定説を奉じないイギリスの敬虔派の人々、たとえばグッドウィン（Goodwin）にもみられる。	これは、予定説を奉じないイギリスの敬虔派の人々、たとえばジョン・グッドウィン（John Goodwin）にもみられる。
248	註 8）また――彼の死後――一七六四年の宗教会議の見解も、ヘルンフート派教団の持つ救いの制度（Anstalt）としての性格を明瞭に表現している。それに対するリッチルの批判については Ritschl a.a.O. III S. 443f.	
263	註 3）十九世紀初葉のドイツにおける敬虔派の復活（もちろん遙かに微弱なものだったが）	（ ）内を除く
290	長老派信徒（プレスビテリアン）	主流派ピューリタン
301	註 4）敬虔派のばあいも同様だ。Spener a.a.O. III SS 429-430.（…）したがって、不承不承なされたばあいには神の喜び給うところとはならない。 a.a.O., III, S.	*Theologische Bedenken* I SS. 429-430. II S. 272, 273.

ーバーのいう完全な寛容および教会と国家の分離を主張したとは言えないのである。その意味で、訂正文に示したように、イギリスのバプテスト派の最初の指導者トマス・ヘルウィスの主張の方が、教会と国家の分離を示している。大西晴樹『イギリス革命のセクト運動〈増補改訂版〉』御茶の水書房、2000 年、76-78 頁参照。どうして、このような事実誤認が生じたかについては、本書第 5 章参照。
事実誤認。1644 年の当該箇所には、そのような良心の自由の成文法的保護を権利として要求した文言は見当たらない。このような文言は、1644 年告白の修正版である 1646 年版の 48 条に見出される。そこでは、「そのため諸個人の良心の自由を賦与することは統治者の義務である（……そうすることなくして他の自由はすべて名づけるに価しないし、いわんや享受するに価しない)」と記されている。ヴェーバーが利用したと思われるハンサード・ノウルズ協会刊行の E. B. Underhill (ed.), *Confessions of Faith, and Other Public Documents, illustrative of the History of the Baptist Churches of England in the 17th Century*, London, 1854, p. 45. 大西晴樹『イギリス革命のセクト運動〈増補改訂版〉』御茶の水書房、2000 年、82 頁参照。
ヴェーバーの原文ドイツ語では "relativ"。梶山訳は「相対的程度」とし、編集者の安藤は（―かなりの程度―）と補足している。シュペーナーの本文での文脈は「ヘブル人への手紙」5 章の意味での完全はあるとしても、この世の生（「肉のうちでは」）では完全に達しえないことを述べるほうに比重が置かれている。Philipp Jakob Spener, *Theologische Bedencken*, Bd. I (Saale), 1700, 1. Auflage, S. 306.
ヴェーバーの典拠の版の出版年は不明だが、Spener, *Consilia theologica latina; Opus Posthumum*, Pars Tertia, 1709 と照合し訂正。'Pars III. Cap. VI. Art. I. Distinct. III. 7. De Anglorum Scriptis. Bailius. Dykius. Sonthomius. Baxterus.' (p.350)
曖昧な記載。当時は独立派の牧師には、Thomas Goodwin と John Goodwin がおり、トマスの方は予定説を、ジョンの方はアルミニウス主義を信奉していたので、ジョンと記載する方が親切である。参考文献、山田園子『イギリス革命とアルミニウス主義』聖学院大学出版会、1997 年。
ヘルンフート教団の「救いの制度 Heilsanstalt」としての自己認識だが、それ自体をリッチュルが批判しているようには読めない。リッチュルの疑問は、1764 年の教会会議が罪を教団のメルクマールとし、大部分のメンバーがキリスト的規範に従った生き方をしていることを根拠にして正しくないもの対して忍耐するよう述べていることにある。つまり教会規律の問題である。A. Ritschl, *Geschichte des Pietismus*, III, 1886, S. 443f.
近年の研究では「第 2 の宗派化」とも言われて、十九世紀のリバイバルの意義を正当に評価する必要性が訴えられるようになった。たとえば Olaf Blaschke/Frank Michael-Kuhlemann (Hg.), *Religion im Kaiserreich. Milieus-Mentalitäten-Krisen*, 1996.
事実誤認。バクスターの教派帰属問題には諸説あるが、今関恒夫の「バクスターは、長老主義的組織の必要を考えていたが、組織としての、したがって「教派」としての長老派には与しなかった」とする解釈が穏当のように思われる。同『バクスターとピューリタニズム』ミネルヴァ書房、2006 年、21-24 頁参照。
Ⅲ巻をⅠ巻およびⅡ巻との取り違え。III S.429-430 は神学者、教職身分の退廃と改革の必要について。III S. 272 は神学者の派閥的争いとシュペーナーの見解、III S. 278 は教会改革への意欲；これにたいして I S. 427f. は「商人から神学生への身分の変更について」；II S. 271f.「キリスト教的には、どのくらい自分の職業（beruffs-arbeit 適職・望ましい職）を待つことができるもの

	272. こうしてキリスト者は「この世の人々と同様おのれの労働にきわめて勤勉であることを示す」のだ、と。a.a.O., III, S. 278.	
307	註 3）シュペーナーも同様で（Spener a.a.O., III SS. 338, 425）、こうした理由から、とくに早くから年金生活に入ろうとする傾向を、道徳上危険なものとして排斥し、そして——金利生活は怠惰にみちびくという、利子取得合法論への反対論を弁護して——利子で生活できるものにも神の命令にしたがって労働の義務があることを強調した。	*Theol. Bedenken* II S. 338
323	註 7）シュペーナーは、職業の変更や利潤の追求に対してもっている疑念の根拠を、「ベン・シラの知恵」の言葉にも求めている。Spener, *Theol. Bedenken*, III S. 426	*Theol. Bedenken* II S. 425f.
352	こうして宗教の形は残るけれども、精神はしだいに消えてゆく。	こうして宗教の形は残るけれども、精神はただちに消えてゆく。
353	「……できる限り利得するとともに、できる限り節約することを勧めねばならない。が、これは、結果において、富裕になることを意味する。」（これにつづいて……恩恵を増し加えられて天国に宝を積むために、「できるかぎり他に与え」ねばならぬ、という勧告が記されている）。	
357	註 2）「愛する友が、商業自体について、少しの疑いもさしはさまず、それもまた人類に多大の利益をもたらし、聖意にしたがって愛がおこなわれる、そうした生き方だと認めているのに出あうのは、私にとって嬉しいことだ。」*Theol. Bedenken* a.a.O. S.426f., 429, 432ff.	*Theol. Bedenken* II S. 426f., S. 429, 432ff.
358	註 3）シュペーナーも、一方では労働者に神を想う時間をあたえるよう強く勧めながら、他方では労働者はできるだけ少ない自由時間（日曜日でさえ）で満足すべきだ、ということを自明のこととして前提している。*Theologische Bedenken*, III S. 272.	*Theologische Bedenken* II S. 272.

か」II S. 272「本当の、神への礼拝となるような労働」II S. 273「総じて短くまとめるなら、キリスト者はこの世の人同様自分の仕事に勤勉に励むものと証しする (wird ... bezeugen)、ただ、キリスト者は霊的にも、神にあっての強め（強められること）と奉仕に必要なだけの時間をささげるべきである。Philipp Jakob Spener, *Theologische Bedencken*, Bd. II (Saale), 1701, 1. Auflage; *Theologische Bedencken*, Bd. III (Saale), 1702, 1. Auflage. なお第三巻第三版（1715 年）でも頁に変化はない。
II 巻とIII巻の取り違えと思われる。III S. 338 は目次に当たるページ。III S. 425 は親戚の医者 Brodtbeck について；II S. 327f.「金利や年金を受けることに良心の呵責はないか」利子を取ってでも貸すことは愛の業として肯定。S. 338 利子で生活できる者でも働くべき；S. 425 とは正しくは何巻の何ページか不明。Philipp Jakob Spener, *Theologische Bedencken*, Bd. II, 1701, 1. Auflage.
III巻とII巻の取り違え。III S. 426 以降は俗人 Brodtbeck の優れた信仰と神学者 Dannhauer による称賛について；II S. 425f.「キリスト教的商人の規則」；II S. 428f.「商業への疑念」；II S. 432f.「商業から手を引くという計画について」「ベン・シラの知恵」の引用は II S. 432. Philipp Jakob Spener, *Theologische Bedencken*, Bd.II (Saale), 1701, 1. Auflage.
【説教の原文と異なっている問題箇所】ヴェーバーが「しだいに」としているところは、ウェスレーの説教では swiftly（ただちに）が使われている。シンポジウムで説明。
【説教の原文と異なっている問題箇所】「施し」の勧めを括弧の中に入れたことで、ウェスレーの説教の本来の力点が移動されている。シンポジウムで説明。
何巻かの記載がないが、II の S. 425f は「キリスト教的商人の規則」, 429, 432 は「商業への疑念」。(「愛する友が……」は II S.429)。Philipp Jakob Spener, *Theologische Bedencken*, Bd.II (Saale), 1701, 1. Auflage.(cf. Schluchter/Bube (Hrsg.), Die protestantische Ethik, S. 476.)
II 巻とIII巻との取り違え。II S. 271f.「キリスト教的には、どのくらい自分の職業（beruffs-arbeit 適職・望ましい職）を待つことができるものか」（キリスト者にとっての職業のあり方 Philipp Jakob Spener, *Theologische Bedencken*, Bd.II (Saale), 1701, 1. Auflage. Cf. Schluchter/Bube (Hrsg.), *Die protestantische Ethik*, S. 477.

猪刈　由紀（いかり・ゆき）

1996年京都大学大学院文学研究科西洋史学専攻修士課程修了。2007年ボン大学哲学部博士課程修了。Ph.D.（Mittelalterliche und Neuere Geschichte）。現在，上智大学外国語学部ドイツ語学科・東洋大学文学部史学科他非常勤講師。専門は中世後期から近世におけるドイツ語圏キリスト教諸宗派の社会史。

主著　Wallfahrtswesen in Köln. Vom Spätmittelalter bis zur Aufklärung, SH-Verlag, Köln, 2009.『旅する教会——再洗礼派と宗教改革』（永本哲也・早川朝子・山本大丙との共編，新教出版社，2017年）。

主要論文　「ハレ・フランケ財団（シュティフトゥンゲン）における救貧と教育——社会との距離，神との距離，積極性」『キリスト教史学』第70集（2016年），「カトリック世界としての一六世紀ドイツ」踊共二編『記憶と忘却のドイツ宗教改革——語りなおす歴史1517-2017』（ミネルヴァ書房，2017年）。

主要訳書　S. セリンジャー『シャルロッテ・フォン・キルシュバウムとカール・バルト』（新教出版社，2018年刊行予定）。

馬渕　彰（まぶち・あきら）

1964年静岡県生まれ。2000年ケンブリッジ大学大学院Ph.Dコース，歴史学研究科修了。現在，日本大学法学部教授。

主著　『悪の歴史　西洋編（下）』（共著，清水書院，2018年）。

主要論文　「ジョン・ウェスレーとピューリタン」『ウェスレー・メソジスト研究』第4号（2003年），「チャールズ・ウェスレー——福音と出遭った詩人」『福音主義神学』第35号（2004年），「アレヴィ・テーゼ再訪——E. P. トムソン『イングランド労働者階級の形成』以後の論争を中心に」『ウェスレー・メソジスト研究』第6号（2006年），「1870年代イギリス農業労働者の組合活動と教会——イースト・アングリア地方の「メソジスト派神話」再考」『桜文論叢』第79巻（2011年），「19世紀後半の政治問題でのメソディスト諸派の基本方針とその影響——メソディスト派定期刊行物上の国教制度廃止運動の関連記事を中心に」『キリスト教史学』第68集（2014年）。

主要訳書　C. マシュー編『オックスフォード　ブリテン諸島の歴史　第9巻　1815-1901』（共訳，慶應義塾大学出版会，2009年）。

山本　通（やまもと・とおる）

1946年宮崎県生まれ。1970年一橋大学経済学部卒業。1975年同大学大学院経済学研究科博士課程単位修得満期退学。博士（社会学）（一橋大学）。1976～2017年神奈川大学専任講師，助教授，教授を歴任。現在，神奈川大学名誉教授。

主著　『近代英国実業家たちの世界——資本主義とクエイカー派』（同文舘出版，1994年），『エレメンタル欧米経済史』（共著，晃洋書房，2012年），『禁欲と改善——近代資本主義形成の精神的支柱』（晃洋書房，2017年）。

主要論文　「ヴェーバー『倫理』論文における理念型の検討」橋本努・矢野善郎編『日本マックス・ウェーバー論争——「プロ倫」解読の現在』（ナカニシヤ出版，2008年）。

主要訳書　N. コーン『魔女狩りの社会史——ヨーロッパの内なる悪霊』（岩波書店，1983年），B. トリンダー『産業革命のアルケオロジー——イギリス一製鉄企業の歴史』（新評論，1986年），R. フィッツジェラルド『イギリス企業福祉論——イギリスの労務管理と企業内福利給付：1846～1939』（白桃書房，2001年）。

執筆者一覧（掲載順）

大西　晴樹（おおにし・はるき）

1953 年北海道生まれ。1975 年法政大学法学部政治学科卒業。1978 年明治大学大学院政治経済学研究科博士前期課程修了。1983 年神奈川大学大学院経済学研究科博士課程単位取得。経済学博士（神奈川大学）。明治学院大学学長，明治学院学院長を歴任。現在，同大学経済学部教授，キリスト教史学会理事長。

主著 『イギリス革命と千年王国論』（共著，同文舘出版，1990 年），『人権とキリスト教』（共著，教文館，1993 年），『イギリス革命のセクト運動』（御茶の水書房，1995 年），『近代西欧の宗教と経済』（共著，同文舘出版，1996 年），『明治学院人物列伝』（共著，新教出版社，1998 年），『近代ヨーロッパの探求 3　教会』（共著，ミネルヴァ書房，2000 年），『長老・改革教会来日宣教師事典』（共著，新教出版社，2003 年），『イギリス革命論の軌跡』（共編著，蒼天社出版，2005 年），『〈帝国〉化するイギリス』（共編著，彩流社，2006 年），『NHK カルチャーラジオ 歴史再発見　ヘボンさんと日本の開化』（NHK 出版，2014 年），『キリスト教学校教育史話——宣教師の種蒔きから成長した教育共同体』（教文館，2015 年）。

主要訳書　M. トルミー『ピューリタン革命の担い手たち』（ヨルダン社，1983 年），G. マルシャル『プロテスタンティズムの倫理と資本主義の精神——スコットランドにおけるウェーバー・テーゼの検証』（すぐ書房，1996 年），D. アーミテイジ『帝国の誕生——ブリテン帝国のイデオロギー的起源』（日本経済評論社 , 2005 年）。

大村　眞澄（おおむら・ますみ）

1948 年生まれ。1971 年北里大学薬学部卒業。2008 年関西学院大学大学院神学研究科博士後期課程単位取得満期退学。博士（神学）（関西学院大学）。2010～2017 年関西学院大学神学部非常勤講師,「キリスト教思想史」(宗教改革者の思想) 担当。現在，キリスト教史学会会員。

主要論文 「M. ルターの Das Euangelium an S. Johannis tag における Beruf 理解」『神学研究』第 52 号（2005 年），「M. ルター『Ｉコリント 7 章講解』（1523）における Beruf 理解」『キリスト教史学』第 60 集（2006 年），「M. ルター『キリスト者の状況の改善に関してドイツのキリスト者貴族に宛てて』（1520）における Beruf 理解」『神学研究』第 54 集（2007 年），「M. ルター『聖なる尊い洗礼のサクラメントについての説教』（1519）における Beruf 概念形成——stand の意味をめぐって」『キリスト教史学』第 61 集（2007 年）。

梅津順一（うめつ・じゅんいち）

1947 年山形県生まれ。1970 年国際基督教大学教養学部卒業。1976 年東京大学大学院経済学研究科博士課程単位取得満期退学。経済学博士（東京大学大学院）。放送大学教養学部助教授，聖学院大学政治経済学部教授などを歴任。現在，青山学院大学総合文化政策学部教授。青山学院前院長，キリスト教学校教育同盟前理事長。

主著 『近代経済人の宗教的根源——ヴェーバー，バクスター，スミス』（みすず書房，1989 年），『「文明日本」と「市民的主体」——福沢諭吉・徳富蘇峰・内村鑑三』（聖学院大学出版会，2001 年），『ピューリタン牧師バクスター——教会改革と社会形成』（教文館，2005 年），『ヴェーバーとピューリタニズム——神と富との間』（新教出版社，2010 年），『その神の名は？——キリスト教への招待』（教文館，2016 年），『日本国を建てるもの——信仰・教育・公共性』（新教出版社，2016 年）。

主要訳書　S. N. アイゼンシュタット『日本　比較文明論的考察』1～3（共訳，岩波書店，2004～2010 年），A. M. クレイグ『文明と啓蒙——初期福澤諭吉の思想』（慶應義塾大学出版会，2009 年）。

マックス・ヴェーバー「倫理」論文を読み解く

2018年9月10日　初版発行

編　者　キリスト教史学会
発行者　渡部　満
発行所　株式会社　教　文　館
〒104-0061　東京都中央区銀座4-5-1
電話 03(3561)5549　FAX 03(5250)5107
URL http://www.kyobunkwan.co.jp/publishing/
印刷所　株式会社　三秀舎

配給元　日キ販　〒162-0814　東京都新宿区新小川町9-1
電話 03(3260)5670　FAX 03(3260)5637

ISBN 978-4-7642-7426-6　Printed in Japan